Desanka Trbuhović-Gjurić
Im Schatten Albert Einsteins

Das Frontispiz zeigt Mileva Marić im ersten Studienjahr in Zürich

Desanka Trbuhović-Gjurić

Im Schatten
Albert Einsteins

Das tragische Leben der Mileva Einstein-Marić

Verlag Paul Haupt Bern und Stuttgart

Redaktionelle Bearbeitung und Nachwort:
Prof. Dr. Werner G. Zimmermann, Zürich
Typografische Gestaltung: Ernst Schori, Bern

Die Abbildungen stammen grösstenteils aus Privatbesitz, ferner aus dem Stadt-
archiv Zürich und aus der Bibliothek der Eidgenössischen Technischen Hochschule
Zürich.

CIP-Titelaufnahme der Deutschen Bibliothek

Trbuhović-Gjurić, Desanka:
Im Schatten Albert Einsteins : d. trag. Leben d. Mileva
Einstein-Marić / Desanka Trbuhović-Gjurić. – 4., vom Hrsg.
erg. Aufl. – Bern ; Stuttgart : Haupt, 1988
ISBN 3-258-03973-9

Das Verborgene, Rätselhafte regt zum Nachdenken an, man fragt sich: «Warum?».
So fragte ich mich, warum das hochbegabte Mädchen Mileva Marić (Milewa
Maritsch) nach so grossen Schulerfolgen keine entsprechende Stelle in der Wissenschaft errang. Ich begann Erinnerungen an sie zu sammeln, ich suchte nach Wegge-
fährten ihres Lebens und Arbeitens, nach glaubwürdigen Zeugen des Geschehens
jener Zeit.
Mileva Marić war eine Ausnahmenatur, die in kein Schema passt; um so schwerer ist
es, aus den noch vorhandenen Steinchen ein vollständiges Mosaik ihres Lebens zu
bilden. In meinen Nachforschungen liess ich mich einzig vom Wunsche nach wahrer
Erkenntnis der sie betreffenden Vorgänge leiten. Literaturnachweise über sie gibt es
nur wenige, sie widersprechen einander und sind vielleicht auch zu ihrem Nachteil
tendenziös, so dass man sich wenig darauf verlassen darf. Ich trachtete nur, das
Anerkannte vom Nichtanerkannten, Unbekannten, ungerechterweise ins Dunkel
Beiseitegeschobenen zu scheiden, ohne an das Grosse zu rühren, an dem auch sie
mitschuf und ohne die unbezweifelbaren Verdienste der anderen Seite zu bestreiten.
Deshalb bemühte ich mich, soviel als möglich Einzelheiten über sie zu erfahren, auch
solche, die ganz unwichtig zu sein scheinen, aber dennoch Lebensteilchen mitbringen. Vielleicht bietet das Alltagsleben mit seinen Beziehungen zur Umgebung den
besten Einblick in die wirkliche Persönlichkeit.

Mileva war ihr ganzes Leben lang schweigsam, redete nicht von sich und ihren Erlebnissen. Sie scheute die Öffentlichkeit und vermied soviel sie konnte jede persönliche Anerkennung. Darum sind direkte Aussagen sehr spärlich; es bleibt uns nur, logische Schlüsse zu ziehen aufgrund der ihr Leben begleitenden Ereignisse und Tatsachen.

Vielleicht mag es dem Leser oft scheinen, es werde zuviel von anderen Personen gesprochen. Die Schwierigkeit der Aufgabe bestand eben darin, sowohl die Grösse des Albert Einstein zuerkannten Schaffens, seinen Ruhm, seine Popularität aufgrund des 1905 Geleisteten, als auch Milevas Mitarbeit daran hervorzuheben.

Da sind auch Gefühlsmomente, Alltagsleben, Spiritus rerum wichtig. Eben deshalb benutzte ich kleine Erlebnisse, von denen ich durch mündliche Mitteilungen, Aufzeichnungen, Briefe erfuhr, und beschrieb Mitglieder ihrer Familie, die uns durch innere Verwandtschaft Milevas Persönlichkeit näherbringen können. Schlussfolgerungen überlasse ich dem Leser.

Mileva stammte aus einer hochbegabten Familie; nach ihren geistigen Interessen und ihrer Einstellung zum Leben war sie ihrem verschollenen Bruder Miloš ähnlich. Nur bis zu ihrer Begegnung mit Albert Einstein kam ihr Wirken aus ihren eigenen geistigen Antrieben, denen sie bis dahin ohne Rücksicht auf ihre Umgebung gefolgt war. Sie lebte ihr eigenes Leben nur, bis sie den kennenlernte, den sie als Genie betrachtete, dem ihre Stütze und Hilfe nottat. Sie war ganz anders als er in der Auffassung mancher Dinge, in Arbeitsstil und Denkweise, ihrer Abstammung und ihrer Erziehung nach, aber eins im Streben nach einem gemeinsamen Ziel. An seinen grossen Erfolgen blieb vieles davon verdrängt und unausgesprochen, und gerade dieses Versteckte drückt das Bewusstsein. Ich wollte etwas Licht in dieses Dunkel bringen, um die andere Seite der Dinge sichtbar zu machen. Tot sind die Mitspieler ihrer Lebenstragödie, doch sind Tatsachen geblieben, die statt ihrer Zeugnis ablegen können.

Von hoher Liebe getrieben, ordnete sie ihr ganzes Streben einzig den Zielen Albert Einsteins unter. Das war ein Bruch mit ihren eigenen Plänen. Mit der ganzen Ausdauer und Leidenschaft ihrer Natur widmete sie sich diesem Ideal und blieb ihm bis zum Lebensende treu.

Lange beschäftigte mich Milevas Persönlichkeit; ich war ergriffen von ihrer Verschlossenheit, Bescheidenheit, von der Tiefe ihres Denkens und Fühlens, ich bewunderte ihre fast übermenschliche Entsagungskraft. Und so kam es, dass ich von ihrem Leben alles schrieb, was ich erfahren konnte, um ihrem Wahrheitsstreben, ihrem Kampf um höchste Lebenswerte Gerechtigkeit widerfahren zu lassen. Dass sie die Öffentlichkeit vermied und über sich schwieg, verpflichtet uns nicht zum Schweigen. Im Gegenteil, wir dürfen Mileva Marić nicht der Vergessenheit preisgeben; wir haben allen Grund stolz darauf zu sein, dass sie unserem Volk angehörte. Man sagt, ein Volk, das seine Grossen nicht ehre, sei ihrer nicht wert. Mileva Marić ist in vielem gross; ihr Leben ist ein einzigartiges Beispiel eines Daseins für jemand anderen, obwohl das ihrer eigentlichen Natur widersprach und nur auf ihrem eisern gefassten Entschluss beruhte.

Aus allem, was wir über sie wissen, dürfen wir schliessen, dass ihr Anteil an Albert Einsteins Schaffen gross und bedeutsam war. Wir folgern dies
1. aus ihrer grossen, schon in der Kindheit hervortretenden Begabung;
2. aus der Kraft ihres Strebens nach Erkenntnis und ihrem Eindringen in die Mathematik und Physik, das sie in die Fremde trieb trotz starken Widerstands ihrer Umgebung, der Vorurteile jener Zeit und des kleinstädtischen Milieus;
3. aus ihren ungewöhnlichen Studienerfolgen;
4. aus der Zusammenarbeit mit Einstein während der gemeinsamen Studienzeit und während ihrer Ehe;
5. aus den durch glaubwürdige Zeitgenossen bezeugten Aussagen Albert Einsteins selbst über ihre Teilnahme an seinen Arbeiten;
6. aus der Tatsache, dass Einstein den Nobelpreis an Mileva abtrat.

Oft wird geniales Schaffen durch eine kongeniale Persönlichkeit angeregt. Aber nicht nur Menschen, auch Dinge können dazu anregen. Das Wesentliche der Gemeinschaft Einsteins mit Mileva ist ihre gemeinsame Arbeit, aus der ein unsterbliches Werk hervorgegangen ist.

Manchen dürfte das hier Gebotene nicht genügen. Vielleicht werden später einmal Dokumente über Milevas wissenschaftliche Arbeit zum Vorschein kommen, die auf seltsame Art verschwunden sind oder doch vorläufig unzugänglich bleiben. Wir können aber nicht darauf warten; wir meinen mit Lessing, dass das Streben nach Wahrheit kostbarer ist als ihr voller Besitz.

Die Grösse des Namens Einsteins soll gerechterweise von jener Frau geteilt werden, von der Albert wiederholt betonte: «Wir sind eins.» Sie verstand es genau so und wünschte nicht, dass ihr Name dabei genannt werde; denn was sie selbst betraf, empfand sie es als unschön, berühmt zu sein.

Zürich, Herbst 1982   D. T.-Gj.

Krieger und Kolonisten

An einem Herbstabend 1866, als die Bauern auf Baumstümpfen vor ihren Häusern
sassen, Kautabak ausspuckten und über ihre bevorstehenden Arbeiten, über Korn-
und Heupreise, über die Macht Österreichs und seines Heeres, in dem ihre Söhne
dienten, plauderten, marschierte eben ein neuer Zug Soldaten die staubige Strasse
nach Titel heran. Das Gestampfe der derben Soldatenschuhe störte die Harmonie
des stillen Abends und das melodische Zirpen der Heuschrecken. Im sterbenden
Abendrot folgte ein goldener Staubnebel den Soldatenspuren. Mit diesem Zug kam
nach Titel auch der Korporal Miloš Marić, ein hochgewachsener schlanker Jüngling.
Mit seiner langen, breiten Strasse und seinen hochgiebeligen Häusern sah Titel eher
einem Städtchen als einem Dorfe gleich. Es war von Serben, Ungarn und einer deutschen Minderheit bewohnt. Es war der Schauplatz wichtiger Kriegsereignisse und
nationaler Verschiebungen. Zur Zeit der schicksalhaften Serbenwanderung von
1690 war es einer der volksreichsten Orte, wo Ankömmlinge vor allem aus Montenegro und Bosnien sich niederliessen.
Alle diese Menschen waren erschöpft vom langen, harten Wandern, wo sie ständig
türkischen Überfällen ausgesetzt waren. Sie reisten in Ochsen- und Pferdewagen,
von Reiterei begleitet, ihr Vieh mitführend und alles Nötige und Unnötige, das sie
mitnehmen konnten, mitschleppend. Diese Masse ergoss sich über die Pannonische
Ebene. Obwohl die Flüchtlinge hier eine serbische Bevölkerung antrafen, war die

9

Veränderung stark und verwirrend; ein anderes Relief, ein anderes Klima, Luft und Wasser anders. Aus den heimischen Gebirgen gerissen, fanden sie sich in einer unendlichen Ebene, und ihre dort bereits seit langer Zeit angesiedelten Volksgenossen hatten sich unter ganz anderen Verhältnissen entwickelt. Es galt, ihr Vertrauen zu gewinnen und Wurzeln zu fassen.

Auch Österreich war zuerst ratlos vor dieser verwahrlosten, schmutzigen Menge, die so wild, düster und drohend aussah. Doch bedurfte es ihrer als einer Schutzmauer des Reiches. Diese unerschrockenen Krieger sollten in den vielen Kriegen, die nach allen Seiten geführt wurden, in den ersten Reihen stehen und fallen.

Österreich bediente sich dabei erprobter Methoden; es versprach viel, hielt wenig und nahm dafür Blut und Leben. Es schenkte den serbischen Flüchtlingen verwahrlostes, versumpftes Land, das sie bearbeiten und in fruchtbare Äcker verwandeln sollten; es gewährte ihnen die Freiheit ihres «schismatischen» Glaubens, wobei sie jedoch der katholischen Kirche den Zehnten entrichten sollten. Sie durften ihre eigene Obrigkeit wählen, und noch manches andere war ihnen gestattet. Sich in den Falschheiten dieser Politik nicht auskennend, kämpften die Serben oft wider ihre eigenen Interessen. Jedenfalls mussten sie zum Dank für alle Versprechen ihr Blut auf allen Schlachtfeldern vergiessen, wo Österreich ihrer bedurfte. Sie fanden diesen Preis nicht zu hoch, weil sie auf dem unruhigen Balkan gewöhnt waren, Krieg zu führen. Ihnen schien das Leben nicht so viel wert wie die Freiheit, und die wurde ihnen von Österreich ausgiebig versprochen.

Schwerer als die äussere war die seelische Assimilation. Man sehnte sich nach den heimatlichen Bergen und Wäldern, nach den altgewohnten, geliebten Sitten, die hier unbekannt waren. Man wusste, dass es kein Zurück gab, doch vermochte man sich nur schwer damit auszusöhnen. Unter den Türken hatte man sich an heroisches Schweigen gewöhnt, auch unter den grössten Qualen. Solche Gemeinsamkeit des Leidens ist das dauerndste Band zwischen Menschen. Verdrängtes, verschwiegenes Fühlen, scheinbar tot und begraben, wird unvernichtbar und bricht unvermutet und in ganz sonderbarer Gestalt hervor, bei Einzelnen, in Familien oder in grösseren

Villa in Kać

Gemeinschaften mit uraltem Trieberbe. Da ragt plötzlich eine Persönlichkeit, eine Familie aus dem gewohnten Mass heraus durch besondere Begabung oder durch etwas Krankhaftes, Unsinniges, generationenlang Verborgenes.

So freuten sich an jenem Herbstabend, fast zweihundert Jahre nach der Einwanderung ihrer Vorfahren, jene ruhigen Bauern, Soldaten zu sehen, und waren stolz, dass auch ihre Söhne dazu gehörten. Ihnen galt jede Armee als verehrungswürdig, weil sie Tapferkeit, Mannhaftigkeit bedeutete. Und auch ihre Söhne konnten darin zu hohen Stellungen emporsteigen, wie auch die anderer Nationen im vielsprachigen Reich.

Miloš Marić zeichnete sich durch Aufgewecktheit und heiteren Sinn aus und erwarb rasch die Zuneigung der Ortsbewohner und die Herzen der Mädchen.

Um die Geschlossenheit der Serben in der Pannonischen Ebene zu schwächen, siedelte Österreich im 18. und 19. Jahrhundert planmässig fremde Volksgruppen zwischen ihnen an. So kam es, dass Titel neben Serben auch Ungarn sowie etliche Deutsche beherbergte. Miloš Marić kannte die dortigen Verhältnisse sehr gut, denn er war aus Kać, einem benachbarten Ort. Da er während seiner kurzen Schulzeit in Novi Sad (Neusatz) und Karlovci bei deutschen Familien gewohnt und gut deutsch gelernt hatte, wurde er mehr zu Schreibarbeiten als zum Exerzieren befohlen.

Eines der schönsten und reichsten Häuser in Titel gehörte dem angesehenen Athanasius Ružić, dessen Vorfahren aus Montenegro, aus der Nähe von Podgorica stammten, und der noch jetzt die Worte ähnlich setzte und aussprach wie sie. Er hatte einen Sohn Pero (Peter) und drei Töchter: Marija, Djulija und Jelena. Der fesche, hübsche, lustige Miloš hätte unter vielen Mädchen wählen können. Als er, nach mancherlei Tändeleien, ernstlich an die Gründung einer eigenen Familie dachte, standen ihm alle Türen offen. Er wählte die bescheidene, stille, sehr vernünftige Marija Ružić. Die beiden wurden 1867 getraut; er war 22, sie 21 Jahre alt.

Die Neuvermählten wohnten im Hause der Eltern Marijas. Miloš wollte nach Beendigung der vorgeschriebenen Militärdienstzeit im Heeresdienst bleiben. In Kać kaufte er einen schönen Hof, dessen Herrschaftshaus sogar mit einem Turm und dieser mit einer ehernen Glocke versehen war, die man über das ganze Gut hören konnte.

12

Das Haus der Familie Marić in Novi Sad

Ihr Klang rief die Arbeiter von den Feldern zum Mittag- und Abendessen. Das Gut umfasste 200 Hektaren Acker- und Riedland.

Erst nach achtjähriger Ehe wurde diesen so ungleichen Eheleuten eine Tochter geboren, am 19. Dezember 1875. Getauft wurde die kleine Mileva vom selben Pfarrer, der ihre Mutter getauft und ihre Eltern getraut hatte. Patin war Jelena, Tochter des Titeler Kaufmanns Andreas Zarić.

Ihre ersten Lebensjahre verbrachte Mileva mit ihrer Grossmutter, einer sehr gütigen und ruhigen Frau. Das Kind war mit verrenktem Hüftgelenk zur Welt gekommen, was man erst merkte, als es zu gehen begann. Das war eine grosse Sorge für die Eltern, denn ein hinkendes Mädchen konnte schwer verheiratet werden. Die Ärzte wussten einen solchen Fehler damals nicht zu behandeln. Vergeblich versuchte man Hausmittel und «Besprechungen». Das Hinken blieb Mileva bis zum Tod.

Erst 1907 erbauten Milevas Eltern ein geräumiges Haus. Sie wurde noch im alten geboren, wo ihre Mutter zur Welt gekommen und aufgewachsen war. Aus dem Auszug des Taufprotokolls der schon genannten Kirche (1846, Band IV, Blatt 138, Nr. 46) erfahren wir, dass Maria, Tochter des Atanasije Ružić, und dessen Frau Sofija am 17. Juni geboren und am 18. Juni getauft wurde; Pate war Gligorije, Sohn des Antonije Makarić aus Titel.

Alle diese Ružić, Makarić, Zarić und die anderen Serben in Titel stammten von jenen Ansiedlern aus den südlichen Gebirgsländern. Österreich hatte sie zu «Tschaikisten» gemacht, zu kriegerischen Donaumatrosen. Nach dieser Flussflottille von «Schajken» wurde jener Teil der Bačka «Schajkaschka» genannt. Als die Kriegsgefahr in jenen Gegenden aufhörte, wollte Österreich diese Krieger zu Bauern machen, die mehr feudales als eigenes Land bearbeiten und so nicht nur wirtschaftlich abhängig, sondern auch unfrei werden sollten. So kam es zu Unruhen und zu neuen Wanderungen, bis nach Russland hinein. Schliesslich verbot Österreich das Auswandern. Die Daheimgebliebenen behielten ihre Privilegien aus jenen kriegerischen Zeiten, lebten auf ihrer fruchtbaren Erde und betrachteten sich schon als Einheimische. Sie besassen bereits einen neuen Lebensstil, mit Arbeit und Wohlstand.

In ein wohlangesehenes Haus dieses Volkes wurde Mileva Marić geboren, mit mancherlei verborgenem und, wie sich später im Leben herausstellen sollte, jedenfalls aussergewöhnlichem Erbgut in ihrem Wesen.

Das Volk hielt zähe an seinem Land und den ihm versprochenen Privilegien fest und begann, sich seinen Platz in der neuen Ordnung der Dinge zu suchen. Das Leben, jedenfalls das äussere, folgte dem Lauf des Fortschritts in Landwirtschaft und Kriegshandwerk. Häuser und Siedlungen schossen aus dem Boden. Alles andere blieb in jenen dunkeln Hintergrund des Bewusstseins zurückgedrängt, wo die unzerstörbaren Gefühle der Rassen, Konfessionen und Kasten leben und gären, und selbst scheinbar vergessene für spätere ferne Zeiten ungeahnte körperliche und geistige Erscheinungen vorbereiten.

Das kleine, hinkende Mädchen …

Das kleine, hinkende Mädchen mit den grossen schwarzen Augen zeichnete sich von allen Altersgenossinnen durch lebendige Phantasie, Wissensdurst und Beobachtungsgabe aus. Sie war ein ernstes Kind, das sich von ganzem Herzen auf seine eigene Art zu freuen und zu grämen vermochte. Sie spielte und sang und trauerte mit ihrem ganzen Wesen, alles mitlebend, was ihr Dasein nach und nach eröffnete. Die ebene Bačka, der weite Horizont, die smaragdgrüne fischreiche Theiss, die väterlichen Felder und Wiesen, alles das bot soviel Anregendes und Schönes, unabhängig von den langen Gesprächen der Erwachsenen, von Vater und Mutter, von den Nachbarn, von der ganzen menschlichen Umgebung. Es wechselten Tag und Nacht und die Jahreszeiten. Es fiel Schnee, es blühten die Obstbäume, es wogte das dichte Korn, und Blumen belebten mit ihren lebhaften Farben das eintönige Grün. Und der wunderbare Fluss bewahrte das Andenken an die verschwundene Flottille, von der die Alten noch oft und gern erzählten, an Sommerabenden, wenn die Frauen Bänke und Stühle vors Haus trugen und die Strasse davor besprengten, um den Staub zu binden und die Hitze zu mildern. Oft lag Mileva stundenlang ganz verborgen im hohen Gras am Fluss, beobachtete das Leben im Wasser und dachte über alles Gehörte und Gesehene nach. Sie entdeckte auch das Reich der Zahlen. Ganz von selbst vergnügte sie sich damit zu addieren, zu substrahieren, zu multiplizieren, zu dividieren. Sie kränkelte oft, und wenn sie wieder wohlauf war, verblüffte sie ihre

Umgebung mit ihrer Fertigkeit im Rechnen und mit ihren geistreichen Antworten auf allerlei Fragen. Die Eltern liebten sie sehr und waren ob ihrer schwachen Gesundheit besorgt. Der Vater erkannte als erster ihre ungewöhnliche Begabung und Selbstständigkeit, obwohl sein Militärdienst ihm nicht viel Zeit zum Zusammensein mit ihr liess. Er war reich, dazu sehr angesehen und beliebt. Mit allen Kindern scherzte er gern und nannte sie kosend «Klipani» (Flegel), und sie nannten ihn «Onkel Klipan»; dieser Spitzname blieb ihm. Obwohl ein vortrefflicher Landwirt, der mit soviel Lust und Liebe arbeitete, dass sein Hof weit und breit als musterhaft galt, wollte er sich doch nicht nur solcher Arbeit widmen.

Sein Liebling Mileva, die er Mitza nannte, hatte einen angeborenen Sinn für Rhythmus und Musik. Sie liebte es, sich zur Musik zu drehen, zu singen und zu tanzen, hüpfend wie ein verwundetes Vöglein. Leicht und zart, versuchte sie auf den Fussspitzen zu tanzen, als ob sie sich von der Erde lösen wollte. Am liebsten weilte sie auf dem grossen Dachboden, im Turm und bei der zauberhaften ehernen Glocke. Da spielte sie, da konnte sie nach allen Seiten in weite Fernen schauen und ihre Kinderträume träumen, über die sie nur dann und wann mit dem Vater redete.

Bei der Aufhebung der Militärgrenze trat ihr Vater 1882 in den Zivildienst. Er wurde Kanzlist im Bezirksgericht Ruma. Die Familie blieb noch einige Zeit in Kać. Seit der Vater fern war, redete sie mit niemandem mehr von ihrem inneren Leben und zog sich immer mehr in sich zurück. Der Dachboden, der Turm mit der zauberhaften Glocke blieb ihr Lieblingsaufenthalt. Vom Fenster aus sah sie ihre ganze Welt, die ihr Aussehen mit den Jahreszeiten wechselte, aber immer wunderschön war. Oft bereitete sie der Mutter Sorge, wenn sie sich im Winter auf den eiskalten Dachboden im Turm zurückzog und mit ihrem warmen Atem das Eis vom Fenster weghauchte, um die ganze Welt zu betrachten. Nur die Theiss wechselte ihre Farbe nie; selbst das Eis auf ihr war grün. Einzig starke Regen konnten dieser Farbe etwas anhaben. Da trat der Fluss aus seinem Bett und wurde gelb, wild und böse. Und wenn er zurückging, hinterliess er hässlichen aber fruchtbaren Schlamm. Mileva hatte dann Angst vor diesem sonst so lieben Fluss. Warum war er so wild? Und was geschah mit den vielen Fischlein, die darin so lustig schwammen und spielten?

So vergingen die Jahre der sorglosen Kindheit. Der Vater rief die Familie zu sich nach Ruma. Schweren Herzens trennte sich Mileva von ihrer kleinen «heilen Welt», von den Sächelchen in ihrem Versteck. Man tröstete sie damit, dass es keine Trennung für immer sei, und dass sie nun viele neue Dinge kennenlernen werde. So blieb ihr buntes Wunderreich auf dem Dachboden von niemandem mehr beachtet. Es wurde von Staub bedeckt und verlor allen Glanz, den ihm die Phantasie und Weisheit einer wundervollen Kindheit verliehen hatten.

Miloš Marić und Marija Ružić mit Zorka, der Adoptivtochter Nana und Mileva

Schule in drei Königreichen

In Ruma begann Mileva Marić 1882 die Schule zu besuchen. Das erleichterte ihr die grosse Veränderung in ihrem Leben. Durch das Lesen und Schreiben wurde sie mit einer Menge neuer Dinge bekannt. Für ihren alten Lehrer aber war sie eine Offenbarung. Zum Vater sagte er: «Passen Sie auf dieses Kind auf! Das ist ein seltsames Phänomen».

Sie zeichnete sich durch eine so rasche und vernünftige Auffassung aus, als ob sie schon alles gewusst hätte und sich nur zu erinnern brauchte. Ganz hervorragend war ihre mathematische Begabung. Mit grösster Leichtigkeit löste sie alle Aufgaben und interessierte sich für immer neuere und weitere Erkenntnisse. Zuhause wurde auch deutsch gesprochen, da der Vater als ehemaliger Grenzfeldweibel diese Sprache beherrschte und wünschte, dass auch seine Kinder sie lernten. Er selbst las viel und war ein solider Autodidakt. Er gab ihr auch deutsche Kinderbücher zu lesen. Sie las, neben Grimms und Hauffs Märchen auch Andersen und La Fontaine in deutscher Sprache. Am tiefsten wirkten auf sie die serbischen Volksdichtungen, die der Vater oft auswendig rezitierte und die sie sich sofort zu eigen machte. Da sie viel Sinn für Musik zeigte, liess man ihr schon mit acht Jahren Unterricht im Klavierspiel geben, worin sie ebenfalls schöne Fortschritte machte. Zur selben Zeit, 1883, bekam sie ein Schwesterchen, Zorka, das ebenfalls an angeborener Hüftverrenkung litt. Noch heute ist dieses Leiden in der Zeta (Montenegro) unerklärlicherweise so häufig, dass es

Gegenstand medizinischer Untersuchungen wurde. (Nach den Erhebungen in den Dörfern Golubovci, Balabani und Gostilje im Bassin des Skutarisees, wo schon seit jeher eine grosse Zahl von Hinkenden beobachtet wird, ist die Erblichkeit dieser Krankheit erwiesen. Sie kann von der Vater- wie von der Mutterseite her weitergegeben werden. Röntgenologische Reihenuntersuchungen bei Neugeborenen haben bis 40% Fälle von Missbildungen ergeben, die nicht immer als Luxationen in Erscheinung treten, sondern sich entweder von selbst normalisieren oder später in verschiedenen Deformationen und Erkrankungen äussern). Und gerade aus dieser Gegend stammte die Familie Ružić, der Milevas Mutter angehörte. 1885 erfüllte sich der sehnliche Wunsch des Vaters nach einem Sohn, der auch den Namen Miloš erhielt.

Nach der Beendigung der Volksschule trat sie im Schuljahr 1886/87 in die erste Klasse der Serbischen Höheren Mädchenschule in Novi Sad ein und wurde, wie sich ihre Freundin Jelisaveta Barako erinnerte, die beste Schülerin. Ihrer Zurückgezogenheit und Friedfertigkeit wegen bekam sie den Übernamen «Svetac» (der Heilige). 1887 wechselte sie in die zweite Klasse der Kleinen Realschule in Sremska Mitrovica über. Diese Schule bestand seit 1838. Die Unterrichtssprache war bis 1881 deutsch gewesen, seither serbokroatisch.

Mitrovica ist ein typisches syrmisches Städtchen, dessen Besonderheit darin besteht, dass unter ihm mehrere antike Städte begraben liegen, grösser und bedeutender als der jetzige Ort. Einst stand da das römische Syrmium, an der Stelle einer älteren Triballenansiedlung erbaut. Zum erstenmal wird es in der Geschichte in Verbindung mit dem grossen illyrisch-pannonischen Aufstand genannt, der zu Beginn der christlichen Ära in Syrmien und Slavonien ausbrach. Seither gab es da immer eine Stadt. Als die Römer Syrmium aufgaben, wurde es für kurze Zeit von den Hunnen besetzt, dann von den Byzantinern; eine Zeitlang war es der Mittelpunkt des Gepidenreiches. Doch bald wurde es Hauptort der oströmischen Provinz Pannonia superior und frühchristlicher Bischofssitz. Es ist der Geburtsort mehrerer Heiliger, von denen Demetrius der bekannteste ist; im Mittelalter hiess die Stadt Civitas Sancti Dimitrii, später unter erstarkendem slavischem Einfluss Dimitrovica und schliesslich Mitrovica. Von da stammten mehrere christliche Märtyrer, so die berühmten Quatuor Sancti Coronati, die in den Steinbrüchen der Fruška Gora arbeiteten, und auch mehrere bedeutende römische Kaiser aus der Zeit, da die dortige Garnison so mächtig war, dass die Soldaten ihre Offiziere zu Kaisern auszurufen vermochten. Doch 568 wurde die Stadt von den Awaren zerstört. Auf allen diesen Ruinen erhebt sich heute Sremska Mitrovica. Wo immer man hier gräbt, stösst man auf Reste einer langen, stürmischen Vergangenheit.

In Österreich-Ungarn konnten Mädchen damals noch keine Gymnasien besuchen. Der Vater, voll Verständnis für ihre Begabung und ihren Wissensdurst, schickte Mileva nach Serbien, wo solche Vorurteile nicht mehr bestanden. So wurde sie 1890 Schülerin der fünften Klasse des königlich-serbischen Gymnasiums in Šabac. Ruma war ihr, bei aller Freude über den kleinen Bruder, in etwas bitterer Erinnerung geblieben, denn Nachbarkinder und Mitschülerinnen hatten sie verspottet. Da war sie sich erst ihres Körperfehlers bewusst geworden. Neid auf ihre geistige Überlegenheit hatte auch zur Spottlust beigetragen. Kinder sind mitunter unglaublich grausam. So verschloss sich das tief empfindliche Mädchen noch mehr in sich, darin der Mutter ähnlich, von der sie ihre Schweigsamkeit geerbt hatte.

Auch im Gymnasium zeichnete sich Mileva durch Begabung und Gründlichkeit aus. Sie träumte von höheren Studien, um als geistige Persönlichkeit zur Geltung zu kommen. Sie wusste, dass sie keine weiblichen Reize besass und als eher hässlich galt. Sie verfügte jedoch über einen klugen Kopf und jene tapfere Ausdauer, die sich bei den Frauen ihres Volkes in jahrhundertelangem Kampf mit allen Schwierigkeiten des Lebens entwickelt hatte. Die Missgunst inferiorer Kameradinnen trieb sie an, das zu entwickeln und zu betonen, was jene entbehrten und womit sie überreich begabt war.

In den Mittelschulen Serbiens stand den Schülern die Wahl frei zwischen Französisch und Deutsch. Mileva entschied sich vorerst für Deutsch, da sie es bereits fliessend sprach. Doch bald wünschte sie auch Französisch zu lernen, und so richtete ihr Vater ein Gesuch an den Unterrichtsminister, man möge ihr gestatten, diese Sprache zu lernen.

23

Dieses Gesuch wurde am 6. März 1891 vom Vertreter des Gymnasialdirektors, Professor Nikola M. Savić, an den Minister weitergeleitet, und schon nach sechs Tagen war die Antwort da: Der Minister, M. V. Nikolajević hatte entschieden, dass Mileva zu Beginn des nächsten Schuljahres eine Prüfung im Französischen ablegen durfte, jedoch bis Ende des laufenden Schuljahres dem Deutschunterricht noch folgen musste.

Mileva lernte rasch Französisch sprechen und schreiben, denn sie nahm nicht nur Privatunterricht, sondern las auch viel.

In Šabac befreundete sich Mileva mit der ausserordentlich begabten Ružica Dražić, einem fleissigen und ehrgeizigen, doch leider tuberkulösen Mädchen. Sie hatten gemeinsame Zukunftspläne. Milevas Interesse für Mathematik war unersättlich. Alle Mathematik- und Physiklehrer am Gymnasium versahen sie mit Fachliteratur: Jovan Nonić, Milić Sretenović, Mihailo Atanasijević und Milan Čukić. Schon an und für sich machte ihre geniale Begabung sie anders als die anderen. Und noch mehr, dass sie in den Freuden des Forschens und Erkennens vollen Ersatz finden musste für die erwartungsvollen mädchenhaften Schwärmereien, denen ihr Körperfehler entgegenstand. Immer mehr suchte sie, stolz abgeschlossen und geistig einsam, Ersatz in einer Welt geistiger Entdeckungen und Möglichkeiten, die jahrhundertelang geformt worden waren und deren Zeichen zu allen Zeiten und in jedem Klima gelten: Mileva fasste die Mathematik als eine grosse Menschheitsentdeckung auf, die es ermöglichte, alles Wissen um die Natur und das Geschehen in ihr in schlichten, allumfassenden Zeichen auszudrücken. Auf diesem Wege strebte Mileva ins Unendliche. Der Alltag drückte sie, das Streben nach Reichtum in der Familie, die Unzufriedenheit mit dem eigenen Aussehen, das teils verletzendes Mitleid, teils Spott hervorrief. Je weniger sie in der Gesellschaft beachtet wurde, desto mehr strebte sie nach Geltung in einer Sphäre, wo ein unschönes Aussehen nicht stört und eine kristallreine Verständigung mit Vergangenem und Zukünftigem möglich bleibt. So begann Mileva mit ihrer Freundin Ružica Pläne zu schmieden, wie sie beide nach der

Zeichnung der 15jährigen Mileva Marić

Matura ihre Studien an einer Hochschule fortsetzen würden, in der weiten Welt, an den Quellen der Wissenschaft.

Mileva war vielseitig begabt, in allen Fächern die beste. Ihre Zeichnungen waren wahre Kunstwerke. Ihre Arbeiten dienten als Musterbeispiel für die Errungenschaften modernen Schulwesens.

Das Gymnasium in Šabac, 1837 gegründet, hatte erst seit 1887 alle Klassen. Im ersten Weltkrieg litt die Stadt schwer; sie wurde fast zerstört. Das Inventar und das Archiv des Gymnasiums verbrannten, was ein unersetzlicher Schaden ist, denn diese Schule stand, was die Bildung des Lehrkörpers und den darin herrschenden Geist betrifft, sehr hoch. Viele ihrer Schüler zeichneten sich später im öffentlichen Leben durch Leistung, Charakter und Opfermut aus. Genannt seien: Stojan Novaković, Staatsmann und Geschichtsforscher; der im Volksleben wurzelnde Schriftsteller Janko Veselinović; der hervorragende Arzt Lazar Lazarević, Verfasser einer Reihe unvergänglich wertvoller Erzählungen; der berühmte Geograph und Balkanforscher Jovan Cvijić, und viele andere.

Die nächste Station war die kroatische Hauptstadt Zagreb: Am 8. Dezember 1891 wurde der Vater zum Offizial der königlichen Banaltafel ernannt. Ein halbes Jahr später folgte ihm die Familie nach, und Mileva setzte ihre Ausbildung 1892/93 als Privatschülerin in der Klasse VIa des Königlichen Obergymnasiums fort. Während dieses Schuljahres musste sie eine Prüfung im Griechischen ablegen, weil dieses Fach in Šabac nicht, hier aber von der dritten Klasse an bis zur Matura gegeben wurde. Mileva bestand sie mit der Note «vorzüglich». Am Ende des sechsten Gymnasiums erhielt sie bei einer privaten Prüfung die Note «erster Rang mit Auszeichnung». In der siebten Klasse ersuchte Mileva die Schulbehörde um die Erlaubnis, die Physikstunden mit den regulären Schülern besuchen zu dürfen, was ihr am 14. Februar 1894 auch amtlich gewährt wurde.

In der achten Klasse fehlt der Name von Mileva Marić, des einzigen Mädchens, das in den Berichten des Gymnasiums dieser Jahren zu finden ist. Sie hatte im September 1894 die Schlussprüfung der siebten Klasse mit den besten Noten in Mathematik

Die Geschwister: Zorka, Mileva und Miloš

und Physik bestanden und mit dem väterlichen Einverständnis den Entschluss gefasst, für ihre weitere Ausbildung in die Schweiz zu gehen. Die Lebensbedingungen in Zagreb waren schlechter als in der Heimat, und Mileva war nach einer heftigen Erkältung an einer schweren Lungenentzündung erkrankt. So spielten bei ihrem Entscheid ausser dem guten Ruf der schweizerischen Schulen und den dort gebotenen Möglichkeiten des Frauenstudiums auch Gesundheitsrücksichten eine Rolle. Dazu kam der Einfluss einiger Freundinnen, die sie in Zagreb gewonnen hatte und mit denen sie später in Zürich zusammensein würde. Sie war schon nach ihrer Erkrankung für kurze Zeit zur Erholung in der Schweiz gewesen, aber das hatte noch keine Trennung bedeutet, wie sie ihr jetzt bevorstand.

Mileva suchte kein Ziel ausser sich selbst. Ihre Bildung sollte ihr Eigentum bleiben, das sie von den anderen trennte, nicht ein Mittel, um ihren inneren Reichtum mit anderen zu teilen. Merkwürdig egoistisch war die Lebensauffassung dieses sechzehnjährigen Mädchens. Sie erhielt auch keine solchen Anregungen von aussen, wie die berühmte Sonja Kovalevskaja, die schon in der Kindheit bezaubert war von den geheimnisvollen Zeichen der Infinitesimalrechnung auf einer Scheidewand, die mit lithographierten Vorlesungen des Petersburger Mathematikers Ostrogradskij tapeziert war. Einsam und entschlossen verbrannte Mileva die zarten Flügel ihrer Phantasie und betrat einen Weg realster Überlegung.

Sonja Kovalevskaja, Sophie Germain, Marie Sklodowska-Curie und viele andere Wegbereiterinnen höchster Frauenbildung stammten aus intellektuellen Kreisen, aus denen sie viel Anregung gewannen. Mileva entbehrte das alles: bei ihrer Umgebung weckte sie mehr Staunen und Widerstand als Verständnis und Förderung. Sie ging ihren Weg einsam.

Wohl schätzte der Vater die Bildung sehr und bedauerte, selbst keine höhere Schulbildung genossen zu haben. Er bejahte den Bildungsdrang seiner ungewöhnlich begabten Kinder und pflegte zu sagen:

«Lernt soviel ihr wollt, ich werde es euch nicht wehren: doch rechnet nicht darauf, dass ich mit euren Professoren bekannt werde».

Schon als Kind besass Mileva jenen Unternehmungsgeist und jene tapfere Ausdauer, die in Frauen mit heroischen Volkstraditionen lebt. Sie verliess ihre Familie, ihr Land, an das sie eigentlich nicht durch Liebe und Anhänglichkeit gebunden war. Klein, unscheinbar, hinkend ging dieses junge Mädchen, sich selbst den Weg der Frauenemanzipation bahnend, in die Fremde, ins Unbekannte. Es war nicht leicht. Niemand konnte sagen, ob sie dort finden werde, was sie erstrebte.

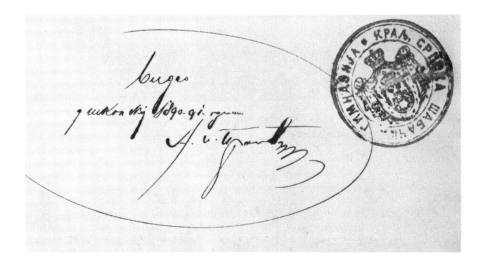

Unterschrift des Zeichenlehrers am Gymnasium Šabac

Der Zürcher Bahnhofplatz 1896

Nach Zürich

Sie konnte nicht ahnen, welch tragisches Schicksal ihrer harrte, als der eintönig ratternde Zug sie immer weiter in die Ferne trug. Aus der heimatlichen Ebene mit den milden Dämmerungen kam sie in ein Bergland, wo mitten im Sommer Schnee auf den Höhen liegt, wo Tag und Nacht scharf und unerbittlich getrennt sind, wo die Wiesen im Herbst ebenso grünen wie im Frühling, wo himmelblaue grosse und kleine Seen über das ganze Land verstreut sind.

In Zürich, in dieser fremden Stadt, flössten die Leute mit ihrem ernsten Aussehen und ihrer unerschütterlichen Korrektheit Vertrauen ein, und ihre würdevolle Haltung entsprach Milevas Stimmung und Auffassung. Mileva gewann diese Stadt und dieses Land vom ersten Augenblick an lieb und bewahrte diese Anhänglichkeit bis zu ihrem Tod. Sie erscheint 1896 zuerst bei einer Familie Bächtold, Plattenstrasse 74, doch zog sie noch im selben Jahr an den Zeltweg 23 um, zu Familie Leimbacher. Hier blieb sie etwas länger als ein Jahr, bis zum 5. Oktober 1897, als sie nach Deutschland reiste. Nach ihrer Rückkehr im Februar 1898 wohnte sie einige Zeit wieder bei den Bächtolds, worauf sie noch im selben Jahr an die Plattenstrasse 50 zog, zu Familie Engelbrecht, wo sie bis 1901 blieb.

Die erste Anmeldung von Mileva Marić bei der Einwohnerkontrolle in Zürich ist verlorengegangen oder vernichtet worden. Wir wissen aber aus den Akten der Höheren Töchterschule der Stadt Zürich, dass sie am 14. November 1894 aufgrund einer Auf-

Höhere Töchterschule der Stadt Zürich

Mileva Marić aus Agram

wird gestützt auf die Resultate der Aufnahmsprüfung *provisorisch*
Seminar
in die Klasse *3* der höh. Töchterschule aufgenommen, mit
der Verpflichtg. zu Privatunterricht in Französisch und event.
in Geschichte, Geographie, Zoologie und Botanik.

Zürich,   Für die Aufsichtskommission:

den *14. Nov* 189*4*   Der Aktuar:

                                   F. Zollinger

nahmeprüfung provisorisch in die dritte Seminarklasse aufgenommen wurde, «mit der Verpflichtung zu Privatunterricht in Französisch und eventuell in Geschichte, Geographie, Zoologie und Botanik.» Die Seminarklassen dieser Schule dienten der Ausbildung von Primarlehrerinnen und zur Vorbereitung auf die Matura. Als Mileva eintrat, waren in ihrer Klasse von zwanzig Schülerinnen drei sogenannte «Maturandinnen», darunter die spätere bedeutende Glarner Historikerin Frieda Gallati.

Mileva folgte dem Unterricht in den Fächern Deutsch, Französisch, Latein, Mathematik, Naturkunde, Physik, Geschichte, Gesang und Stenographie; von Pädagogik, Methodik, Religion, Turnen und Zeichnen war sie befreit.

Ihre Lehrer waren Prof. Dr. Theodor Vetter und Dr. Hans Wissler (Deutsch), Louis Morel (Französisch), Prof. Dr. Hermann Hitzig (Latein), Privatdozent Dr. Gustav Schirmer (Englisch), Dr. Salomon Stadler, Rektor der Schule (Naturkunde), Prorektor Dr. Johannes Stössel (Mathematik, Geometrisches Zeichen, Physik), Privatdozent Dr. Robert Kopp (Physik), Privatdozent Dr. Eduard Gubler (Mathematik, Geometrisches Zeichnen, Physik, mathematische und physikalische Geographie), Dr. Ricarda Huch (Allgemeine Geschichte), Dr. Emil Bär (Schweizergeschichte), Carl Attenhofer (Gesang) – im Ganzen ein wissenschaftlich sehr hochstehender Lehrkörper.

Die Maturitätsprüfung legte Mileva im Frühjahr 1896 an der Eidgenössischen Medizinschule in Bern ab, da sie die Absicht hatte, Medizin zu studieren.

Zu dieser Zeit war das Frauenstudium noch selten und wurde belächelt oder verdächtigt. In seiner Abschiedsrede klagte 1895 der Rektor der Universität Marburg an der Lahn, eine Wolke habe den Himmel seines Rektorats verdunkelt: die Anwesenheit der ersten Hörerin an dieser Universität. Diese Frau war Natalie Wickerhauser aus Zagreb, eine in ihrem Wesen fast übertrieben korrekte, tüchtige Philologin. Der berühmte Mathematiker Karl Weierstrass forderte von der russischen Studentin Sonja Kovalevskaja, bevor er ihrer Immatrikulation zustimmte, die Lösung sehr schwieriger Aufgaben. Er war überzeugt, sie werde versagen; doch sie brachte ihm, noch vor Ablauf der bestimmten Zeit, ihre ganz originellen Lösungen. Später wurden sie lebenslängliche Freunde.

Die Zürcher Universität war die erste in Europa, die Frauen den Zutritt zu den Prüfungen gewährte. Schon 1867 errang hier die erste Frau den Doktortitel, die Russin Nadešda Suslova. Im nächsten Jahr immatrikulierte sich Marie Vögtlin, die vierzig Jahre als Ärztin, Lehrerin und in der sozialen Arbeit tätig war.

Heutzutage ist es schwer, sich die Schwierigkeiten vorzustellen, mit denen damals studierende Frauen zu kämpfen hatten. Nicht nur Begabung und Wissen, auch Mut gehörte dazu. So war einige Jahre früher ihre spätere Freundin Maria Sklodowska mit ähnlichen Idealen nach Frankreich gekommen, wo bereits 1818 Sophie Germain (1776–1831) als Mathematikerin einen Preis der Akademie errungen hatte. Lange dauerte es, bis den Frauen allgemein Gleichberechtigung in Bildung und Studium zugestanden wurde, doch war die Mühe jener Bahnbrecherinnen nicht vergeblich.

Marie Sklodowska war in Paris ins traute Heim ihrer dort verheirateten Schwester gekommen, in einen liebe- und verständnisvollen Kreis. Mileva fand sich vollkommen allein in einer ganz fremden Welt, wo sie sich an eine neue Lebensweise gewöhnen musste. Doch sie wurde dabei sicher geleitet von ihrem Hauptstreben, sich geistig auszubilden. Darin hatte sie ihren Stil. Wäre sie aus einem anderen Lande gewesen, so wäre auch ihr Entwicklungsgang anders verlaufen. Da sie aus einem kleinstädtischen Kreis kam, hatte sie nur eine Möglichkeit, sich von den Fesseln des Herkommens zu befreien: der Imagination ihres inneren Berufs zu folgen. Ihr Vater stand stets treu zu ihr, obwohl ihr Weggang eine dauernde Trennung bedeutete. Sie blieb immer sein liebstes Kind.

Im Sommersemester 1896 finden wir Mileva Marić an der Universität Zürich unter den Medizinstudenten. Sie wechselte aber schon im Herbst über eine besondere Aufnahmeprüfung in Mathematik und Darstellender Geometrie an die Eidgenössische polytechnische Schule (Polytechnikum; seit 1911 Eidgenössische Technische Hochschule, ETH) über, wo sie in den ersten Jahreskurs der Abteilung VI A: Mathematik und Physik, eintrat. Sie war die fünfte Frau, seit als erste die Norwegerin Marie Elisabeth Stephansen im Schuljahr 1891/92 ihr Studium an dieser Abteilung begonnen hatte, und die einzige Frau ihres Jahrgangs.

Die Vorlesungen über Physik hörte Mileva im höher gelegenen Physikalischen Institut an der Gloriastrasse. Von hier aus bot sich eine herrliche Aussicht auf Stadt und See, die jetzt durch den Neubau des Kantonsspitals verbaut ist. Die seit 1866 bestehende Abteilung VI A diente der Ausbildung von Mathematik- und Physiklehrern. In ihr wurden im Herbst 1896 unter anderen neu eingeschrieben:

Jakob Ehrat, geboren 1875, gestorben 1960 in Schaffhausen;
Albert Einstein, geboren 1879 in Ulm, gestorben 1955 in Princeton, USA;
Marcel Grossmann, geboren 1878 in Budapest, gestorben 1936 in Zürich;
Louis Kollros, geboren in La Chaux-de-Fonds 1878, gestorben 1959 in Zürich;
Mileva Marić, geboren 1875 in Titel, gestorben 1948 in Zürich.

So war Mileva die einzige Frau in dieser Gruppe und deren ältestes Mitglied; das jüngste war Einstein. Mileva war überglücklich, ihr Gelobtes Land der Wissenschaft betreten zu haben, doch war sie, wie viele slavische Studentinnen, zuerst scheu zurückhaltend. Da trat schon im ersten Semester Einstein an sie heran, während der Übungen im Institut. Ihn interessierte ein Resultat, zu welchem sie gelangt war und das er nicht erreichen konnte. Er stellte sich vor, und sie erklärte ihm ruhig und klar, wie sie dazu gelangt war. Ihre Konzentration und Leichtigkeit der Auffassung machte sofort Eindruck auf ihn. Die gemeinsame Arbeit mit dem Kollegen, das Erörtern der gestellten Aufgaben belebte sie. Aufrichtig bereit, ihnen beizustehen, trat sie ihnen näher. Man arbeitete zusammen, man machte gemeinsame Ausflüge in die Berge, und so entstand zwischen ihr und den Kollegen ein reines kameradschaftliches Verhältnis.

Im Sommer 1896 war auch ihre Mitschülerin Ružica Dražić nach Zürich gekommen. Als glänzende und in jeder Rücksicht würdige Schülerin, dabei unbemittelt, hatte sie von der serbischen Regierung ein Auslandstipendium erhalten. Sie wohnte in der angesehenen und teuren Pension der Familie Engelbrecht an der Plattenstrasse 50, die Studenten und Studentinnen aus aller Herren Ländern beherbergte, so Milana Bota aus Kruševac in Serbien, die Psychologie studierte, die Schwestern Helene und Adolfine Kaufler aus Wien, Ružica Šaj und Ada Broch aus Zagreb. Ruzica machte Mileva mit diesen Mädchen bekannt und Mileva diese ganze Gesellschaft mit ihren Kollegen. So kam es oft zu fröhlichem Beisammensein, wo slavische Seelenweite viel zu menschlichem Verstehen beitrug. Man teilte Freud und Leid, man musizierte, sang, debattierte, oft «unversöhnlich», man machte im Sommer wie im Winter Ausflüge in die Berge. Mileva pflegte im Sommer ihre Tamburitza mitzunehmen und auf den kalten Höhen Lieder aus ihrer Heimat zu singen und zu spielen. Sie hatte eine unvergessliche, wohltuend weiche Stimme. Im Winter wurde geschlittelt und Schlittschuh gelaufen. Wie wohl tat nachher der warme Tee. Und sobald die Hände warm geworden waren, begann man zu musizieren. Albert Einstein, der Jüngste und noch fast knabenhaft, spielte Geige wie ein geborener Künstler und erfühlte die Musik

Das Physikalische Institut der Eidgenössischen polytechnischen Schule (ETH) in Zürich (um 1905)

mit jedem Nerv seines Wesens. Als man ihn fragte, ob er beim Spielen zähle, erwiderte er: «Nein, das liegt mir im Blut». Er fühlte sich wohl in dieser Gesellschaft, die er mit Musik von Mozart und Bach beschenkte. Sein Geist und seine Offenheit machten ihn zum allgemeinen Liebling. Doch manchmal war er recht sonderbar, geistesabwesend in etwas allen anderen Unsichtbares blickend. Nachher wusste er nicht, was dabei vorgegangen war. In der ersten Zeit neckte man ihn mit diesen «Anfällen», doch später achtete man nicht mehr darauf.

Von den fünf Schwestern Kaufler studierte die jüngste, Ida, in München und heiratete den Architekten Momčilo Maslać. Ihre Tochter Mara Kordić war lange Jahre Lehrerin für Französisch und Übersetzerin. Sie erinnerte sich später noch genau an Tante Mitza, wie sie Mileva nannte:

«Sie kam mehrere Male zu Besuch bei Freunden in Belgrad. Sie war sehr geistreich und verstand es, die Gesellschaft unwiderstehlich zum Lachen zu bringen, selbst aber ernst zu bleiben. Wenn sie sich über etwas freute, huschte ein flüchtiges Lächeln über ihr Gesicht. Ihre Freude war fröhlich und ansteckend und dabei war sie schön. Ihre Augen glänzten voll inneren Feuers. Mit ihrer Heiterkeit bestrahlte sie sich und alles um sie herum. Sie hatte eine ungewöhnlich schöne Stimme, die man nicht vergisst.

1929 war Stana Košanin, die Tochter von Adolfine sechs Monate bei Mileva in Zürich zu Gast. Tete war damals im Militärdienst, und die Mutter reinigte ihm das Gewehr, worüber sich Stana sehr verwunderte.

1938 war Tante Mitza in Belgrad. Wir sind damals zu Tante Helena gegangen und sie sagte uns dort, dass ihr von allen Zeitungen, die sie erhalte, der «Jež» (Igel), ein humoristisches Blatt, das sie abonniert hatte, am liebsten sei, weil sie aus ihm am zuverlässigsten erfahre, was in Belgrad vor sich gehe.

Ein Jahr später hätte Einstein nach Belgrad kommen sollen. Ich richtete ein Zimmer für ihn ein, doch er kam nicht, wahrscheinlich wegen der politischen Situation.»

Albert Einstein stammte von Kaufleuten ab. Sein Vater Hermann, ein fröhlicher Epikuräer, besass eine elektrotechnische Werkstatt, zuerst in Ulm, dann in München, wohin man schon 1880, als Albert ein Jahr alt war, übersiedelte. Alberts sehr musikalische Mutter Pauline war die Tochter des württembergischen Hoflieferanten Koch-Bernheim. Als man Albert viel später fragte, von welcher Seite er seine Begabung geerbt habe, antwortete er, «Ich bin ja nicht besonders begabt, nur leidenschaftlich neugierig, und somit entfällt die Frage vom Erbe». Als er zweieinhalb Jahre zählte, wurde ihm ein Schwesterchen geboren, Maja. Das waren die einzigen Kinder seiner Eltern.

Hermanns Bruder Jakob war Ingenieur und leitete eine Fabrik, in der Dynamomaschinen und elektrische Messapparate hergestellt wurden. In München machte er Kompagnie mit seinem Bruder, und so leiteten sie ihr Geschäft gemeinsam. Sie wohnten auch zusammen, und er liebte seinen wissbegierigen Neffen sehr, der ihm unaufhörlich die verschiedensten Fragen stellte. Zweifellos hat er auf seine Entwicklung eingewirkt. Er war der erste, der ihm mathematische Lehrbücher gab und sein Interesse für Physik weckte. Während ihrer Spaziergänge redete er mit ihm wie mit seinesgleichen. Einmal überraschte ihn Albert mit der Frage: «Was ist Algebra?» Der Onkel lachte und antwortete: «Das ist eine lustige Wissenschaft. Wenn wir auf der Jagd ein Wild nicht sofort finden können, nennen wir es X und verfolgen es so lange bis es sich uns ergibt».

Später schenkte er Albert das «Lehrbuch der ebenen Geometrie» von Th. Spieker, das der kleine Junge mit grossem Interesse las. Als er einst fünfjährig krank im Bett lag, brachte ihm der Vater zum Zeitvertreib einen Kompass. Albert erinnerte sich bis an sein Lebensende, wie bezaubert er davon war. Er fühlte darin eine geheimnisvolle Kraft, von der die Welt sicherer geleitet wird als von irgendeiner menschlichen.

Der Vater machte ihn mit der schönen Literatur bekannt, die Mutter mit der Musik, der Oheim mit Mathematik und Naturwissenschaften. Seinen Schulbesuch begann er in einer katholischen Volksschule in München, wo er sogar den katholischen Religionsunterricht besuchte. Nachher trat er in das Luitpold-Gymnasium ein, das ihm in ausserordentlich unangenehmer Erinnerung blieb. Die klaren, sicheren Sätze der Geometrie bedeutete ihm viel mehr als all das Büffeln aufgezwungener ungeprüfter

Behauptungen. Vom Oheim unterstützt, begann er sich mehr seinen persönlichen geistigen Neigungen zu widmen als den Anforderungen der Schule, wo ihm der Lateinlehrer prophezeite, dass aus ihm nie etwas Ordentliches werden würde.

Mit der Fabrik stand es schlecht, sie machte Konkurs. Die Familie übersiedelte nach Pavia, um dort ihr Glück zu versuchen. Albert sollte in München bleiben und maturieren. Doch er und die Schule konnten einander nicht mehr ertragen, und er entschloss sich, zu gehen. Einer der Professoren sagte ihm, er glaube, das sei nun wirklich einmal eine gute Idee, denn schon seine blosse Anwesenheit in der Klasse verderbe die Disziplin der anderen Schüler.

So kam Albert ohne Matura zu den Eltern nach Italien. Seelisch fühlte er sich sehr erleichtert, und manche künstlerischen Errungenschaften Italiens begeisterten ihn. Doch die verarmte Familie hatte es sehr schwer, und er musste an einen raschen Abschluss einer Schulbildung denken. So versuchte er, sich in Zürich am Polytechnikum einzuschreiben, doch fiel er in der Aufnahmeprüfung durch. Dann trat er in die bekannte Kantonsschule in Aarau ein, wo er zum erstenmal entdeckte, dass die Schule auch angenehm sein könne. Er füllte manche seiner von München her noch verbliebenen Bildungslücken aus, doch die Eltern konnten nicht weiter für seinen Unterhalt sorgen. Sie versuchten einstweilen ihr Glück in Mailand. Eine Tante aus Genua versprach ihm monatlich hundert Franken bis zur Beendigung seiner Schulzeit. So kam Albert wieder nach Zürich und trat glücklich in die Abteilung VI A des Polytechnikums ein.

In beiden waren schon in der Kindheit dieselben nach Antwort drängenden Fragen aufgestiegen. Beide suchten sie vergeblich in Lehrbüchern und Vorlesungen. So begannen sie gemeinsam Helmholtz, Maxwell, Boltzmann und Hertz zu studieren.

Mileva hatte, wie viele Studentinnen aus dem Osten, nur Sinn für ihr Studium und wenig Talent, die Aufmerksamkeit der Männer auf sich zu lenken.

Die Zeit verging und Albert interessierte sich immer mehr für die schwarzhaarige Serbin, die im Physikalischen Institut am gleichen Laborplatz wie er arbeitete. Am Anfang kümmerte sich Mileva nicht darum.

Um Geld wenigstens für einen billigen Platz im Konzert oder in der Oper für sich und Mileva zu haben, sparte es sich Albert vom Essen ab. Er fühlte sich immer wieder von der Musik getragen, die seine Phantasie entflammte. Anderntags spielte er ihr auf der Geige die Arien, die ihm aufgefallen waren, vor. «Ich denke manchmal, Sie hätten ein ebensolches Talent für die Musik wie für die Physik», meinte Mileva zu ihm.

Nach der Lektüre einer Biographie Isaac Newtons fragte Albert Mileva: «Haben Sie je daran gedacht, dass Newton in einigen seiner Schlüsse nicht Recht hat?» Sie schaute ihn an, wie wenn er etwas Ungebührliches gefragt hätte: «Worin irrt er?» fragte sie zurück. «Also, mir scheint, Newton gebe des öfteren keine Beweise für das, was er ein Gesetz nennt. Er sagt einfach: ‹So ist es!› Liegt darin vielleicht etwas, worüber er nichts weiss?» Zu allen seinen Überlegungen und Zweifeln suchte er das Urteil von Mileva, die er als unbestechlich und unfehlbar betrachtete.

In den letzten Studienjahren am Polytechnikum vertiefte sich ihre Freundschaft, aber sie blieb unzugänglich, als er von Heirat sprach.

Nach einem Gespräch über die Ehe sagte Mileva: «Ich zweifle, ob ich je heiraten werde. Ich glaube, dass eine Frau eine Karriere machen kann wie ein Mann». «Dann sind Sie mit dem deutschen Kaiser nicht einverstanden: Küche, Kinder und Kirche für die Frauen?» «Ich sicher nicht!» Die dunklen Augen Milevas leuchteten auf: «Ich glaube, dass ich ein ebenso guter Physiker wäre, wie meine männlichen Kollegen.» «Eine bessere, besser als viele andere», fügte Albert hinzu.

Mit Albert fand sie sich im leidenschaftlichen Wunsch, die grossen Physiker zu studieren. Sie waren viel zusammen. Albert liebte es seit jeher, in Gesellschaft zu denken, oder genauer, seine Gedanken zu klären, indem er sie aussprach. Sein Leben lang suchte er ein Echo, um dadurch seine eigenen Ideen zu festigen. «Mileva Marić war schweigsam und mischte sich nicht ein, und Einstein merkte das nicht». (Ph. Frank).

Beide besuchten gemeinsam die obligatorischen Vorlesungen und Übungen, kümmerten sich jedoch wenig um die vorgeschriebene Lektüre! Die Liste umfasst folgende Lehrveranstaltungen:

Adolf Hurwitz:
Differential- und Integralrechnung mit Übungen. Differentialgleichungen.
Wilhelm Fiedler:
Darstellende Geometrie mit Übungen. Projektivische Geometrie.
Albin Herzog:
Mechanik mit Übungen.
Karl Friedrich Geiser:
Analytische Geometrie. Determinanten. Infinitesimalgeometrie. Geometrische Theorie der Invarianten.
Hermann Minkowski:
Geometrische Zahlen. Funktionentheorie. Potentialtheorie. Elliptische Funktionen. Analytische Mechanik. Varationsrechnung. Algebra. Partielle Differentialgleichungen. Anwendungen der analytischen Mechanik.
Ferdinand Rudio:
Zahlentheorie
Arthur Hirsch:
Theorie der bestimmten Integrale. Lineare Differentialgleichungen.
Jean Pernet:
Anleitung zum physikalischen Praktikum. Physikalisches Praktikum für Anfänger.
Heinrich Friedrich Weber:
Physikalische Gesetze. Apparate und Messmethoden der Elektrotechnik. Elektrische Schwingungen. Elektrotechnisches Laboratorium. Wissenschaftliches Arbeiten im physikalischen Laboratorium. Einführung in die Elektromechanik. Wechselströme. Wechselstromsysteme und Wechselstrommotoren. System der absoluten elektrischen Messungen. Einführung in die Theorie des Wechselstroms.

Alfred Wolfer:
Einleitung in die Physik des Himmels. Einführung in die Astronomie. Mechanik des Himmels. Geographische Ortbestimmungen. Astronomische Übungen.
August Stadler:
Theorie des wissenschaftlichen Denkens.

Die in der Matrikel von Mileva Marić und Albert Einstein eingetragenen Noten

1896/97	Mileva Marić		Albert Einstein	
Hurwitz, Differential- und Integralrechnung	4,5	4,5	4,5	5
Geiser, Analytische Geometrie	4,5		5	
Fiedler, Darstellende Geometrie	4,5	4	4,5	4
Projektive Geometrie		3,5		5
Herzog, Mechanik		4,5		5
1897/98				
Hurwitz, Differentialgleichungen			5	
Weber, Physik		5	5,5	5
Fiedler, Projektive Geometrie			4	
1898/99				
Pernet, Physikalisches Praktikum	5		1	
Weber, Physikalisches Labor		5		5
Wolfer, Geographische Ortsbestimmung		5		4,5
1899/1900				
Weber, Physikalisches Labor	6	5	6	5
Fiedler, Geometrie der Lage	5			

Von den fakultativen Lehrveranstaltungen besuchte Mileva bei *Fiedler* Zentralprojektion, bei *Stadler* Grundriss der Psychologie, bei *Carl Schröter* Botanische Exkursionen, bei *Albert Heim* Geologie der Gebirge und Urgeschichte der Menschen, bei *Julius Platter* Grundlehren der Nationalökonomie und bei *Wilhelm Oechsli* Schweizerische Kulturgeschichte im Mittelalter und Reformationszeitalter. Albert Einstein hörte die gleichen Vorlesungen bei *Fiedler, Heim, Platter* und *Oechsli* und ausserdem bei *Geiser* Äussere Ballistik, bei *Stadler* Die Philosophie Kants, bei *Robert Saitschick* Goethe, bei *Platter* Bank- und Börsengeschäfte und Die Einkommensverteilung und die sozialen Folgen der freien Konkurrenz, bei *Rebstein* Die mathematischen Grundlagen der Statistik und der Personenversicherung, bei *Oechsli* Schweizerische Politik.

Im Studium und bei den Übungen war Mileva äusserst unternehmend und ausdauernd. Dadurch half sie in der gemeinsamen Arbeit, Einsteins schwankenden, unausgeglichenen Arbeitseifer zu festigen. Wenn sie zu reden hatte, sprach sie offen, energisch und mit der Sicherheit gegründeter Überzeugung. Das imponierte ihm sehr. Er staunte über ihr reiches Wissen, wie er es bei Mädchen nie gefunden hatte. Er war es gewohnt, weibliche Schwäche zu stützen, wie zum Beispiel im Falle der Margarete von Uexküll aus Kowno, die Biologie studierte und jeden ihrer Misserfolge in den Übungen bitterlich beweinte. Da machte Albert die Übungen für sie und übergab ihr die fertigen Resultate. Er liebte es, sich mit Mädchen zu unterhalten, bei Tanz und Musik, auf Ausflügen und in mehr oder weniger belanglosen Gesprächen. In Mileva hatte er einen ernsten, ebenbürtigen Kameraden gefunden, der ihm mitunter, auch in Mathematik, sogar über war. Ihm schien die Mathematik in viele Spezialgebiete gespalten, von denen jedes für sich eine Lebensarbeit forderte. Deshalb hatte er ihr Studium vernachlässigt. Er selbt sagte darüber:
«So fand ich mich denn in der Lage des Buridanschen Esels, der sich vor der Fülle des Heus nicht entscheiden konnte, welchen Schober er wählen sollte. Das kam daher, dass meine Intuition in der Mathematik nicht stark genug war, um das grund-

legend wichtige, das Wesentliche von mehr oder weniger überflüssiger Gelehrtheit zu unterscheiden.»

Mileva hingegen besass diese Intuition und studierte Mathematik solid und systematisch. Sie arbeitete viel und eindringend. Ihn zog ihre geistvolle Auffassung an, ihr Eindringen in den Grund des gegebenen Problems, ihre Fähigkeit, es auf die einfachste, eleganteste Art zu lösen. Sie war ihm hierin eine Stütze, er hatte sie nötig, ohne sie wäre er nur langsam vorwärtsgekommen.

Mit jedem Tag wurde ihm diese gemeinsame Arbeit nötiger, und er suchte jede Gelegenheit, um mit Mileva zu sein. Das waren zwei sehr verschiedenartige Charaktere: Sie wusste genau, was sie wollte und strebte unentwegt ihrem Ziel zu. Er war unentschlossen, mehr in Träumen als in der Wirklichkeit, fremden Einflüssen leicht zugänglich.

Eine Zeitlang wurde Einsteins Leben ganz von ihrem Willen, sein Arbeiten von ihren Bestrebungen geleitet. Als sie erkannte, dass ihre Gefühle freundschaftliche Kameradschaft zu übersteigen begannen, versuchte sie, durch eine Trennung zur Klarheit über sich selbst zu kommen. Wie stets im Leben, wollte sie vor allem mit sich selbst im reinen sein. Ihre Gefühle nahmen überhand, seine Anwesenheit verwirrte sie und machte ihr vielleicht zuviel Freude.

Am 5. Oktober 1897 exmatrikulierte sich Mileva und reiste nach Deutschland. Sie schrieb sich an der Universität Heidelberg ein. Sie wollte in einer neuen Umgebung die Gefühle vergessen, die sich in die Mathematik gedrängt hatten; sie wollte sich von ihnen befreien, weil sie so unvermutet ihren Lebensweg kreuzten. Sie stellte ihre Entsagungskraft auf die Probe und begann noch eifriger zu arbeiten. Fleissig besuchte sie nicht nur die Vorlesungen, sondern auch musikalische Veranstaltungen. Doch zum erstenmal im Leben fühlte sie eine tödliche Leere. In dieser Einsamkeit erkannte sie, dass sie diesmal nicht Siegerin bleiben würde. Albert Einstein hatte einen wichtigen Platz in ihrem Leben und Herzen eingenommen, seine Persönlichkeit verdeckte ihr alles übrige. Bis dahin hatte sie ihr Ziel in sich selbst gesehen; jetzt war ihr reiches Innenleben erschüttert und das Ziel anderswo. Sie war sich selbst nicht mehr wichtig, sie konnte nur durch den geliebten Menschen weiterleben, ihr Persönliches hatte jede Bedeutung verloren. Diese Liebe hatte wie ein Orkan alle ihre Ambitionen, alle die seit der Kindheit gehegten Träume weggefegt. Jetzt wünschte sie nur noch, mit allen ihren Kräften ihm zu helfen, seine Fähigkeiten zu entwickeln, ihn zu jener Grösse zu machen, die sie einst für sich ersehnt hatte. Als sie einsah, wie es stand, dass ihre Gefühle unbesiegbar waren, reiste sie, im Februar 1898, nach Zürich zurück.

Einstein kümmerte sich nicht um sein Aussehen. Sein Haar war lang und oft ungekämmt, zerzaust, Kleider und Schuhe nachlässig angezogen, nicht ordentlich zugeknöpft. Deshalb vermieden es Milevas Freundinnen, sich mit ihm öffentlich zu zeigen. Mileva schien diese Mängel gar nicht zu sehen, sie hatte nur sofort seine geistigen Vorzüge und die heitere Natur des guten, schönen Jünglings bemerkt. Während die Mädchen bloss seine Schlamperei bemängelten, riet ihm Professor Jean Pernet sogar, von der Physik abzulassen! Er sagte: «Das Studium der Physik ist sehr schwer. Ihnen fehlt es nicht an Fleiss und gutem Willen, aber an Wissen! Warum studieren Sie nicht lieber Medizin, die Rechte oder Literatur?» «Dafür habe ich erst recht kein Talent, und warum soll ich es nicht wenigstens mit der Physik versuchen?» antwortete Einstein. «Wie Sie wollen, junger Mann, ich wollte Sie nur in Ihrem eigenen Interesse ermahnen.»

Einzig Mileva zweifelte nie an seiner grossen Begabung, doch wusste sie gleichzeitig, dass diese ungewöhnliche Fähigkeit ständiger Anregung bedurfte, da er von sich aus nicht ausdauernd zu arbeiten vermochte. Sie war darin sein Spiritus agens, und er wusste es, denn er hatte ihre eindringliche Genialität erkannt. Und trotz entmutigenden Ermahnungen ging er heiter seines Weges, überzeugt von seinem Beruf und vom Sieg der Wahrheit; denn noch mehr als er selbst, glaubte Mileva an ihn. Ihr Urteil schätzte er über alles, es stärkte seinen Arbeitswillen.

In seinen autobiographischen Aufzeichnungen schrieb Einstein: «Ich war ein eigenwilliger, aber bescheidener junger Mensch, der sich seine lückenhaften einschlägigen Kenntnisse in der Hauptsache durch Selbststudium erworben hatte. Gierig nach tieferem Verstehen, aber rezeptiv wenig begabt und mit einem schlechten Gedächtnis behaftet, erschien mir das Studium keineswegs als eine leichte Aufgabe. Ich merkte bald, dass ich mich damit zu begnügen hatte, ein mittelmässiger Student zu sein. Um ein guter Student zu sein, muss man eine Leichtigkeit der Auffassung haben; Willigkeit, seine Kräfte auf all das zu konzentrieren, was einem vorgetragen wird; Ordnungsliebe, um das in den Vorlesungen Dargebotene schriftlich aufzuzeichnen und dann gewissenhaft auszuarbeiten. All diese Eigenschaften fehlten mir gründlich, was ich mit Bedauern feststellte. So lernte ich allmählich mit einem einigermassen schlechten Gewissen in Frieden zu leben und mir das Studium so einzurichten, wie es meinem intellektuellen Magen und meinen Interessen entsprach. Einigen Vorlesungen folgte ich mit gespanntem Interesse. Sonst aber ‹schwänzte› ich viel und studierte zu Hause die Meister der theoretischen Physik mit heiligem Eifer. Dies war an sich gut und diente auch dazu, das schlechte Gewissen so wirksam abzuschwächen, dass das seelische Gleichgewicht nicht irgendwie empfindlich gestört wurde. Dies ausgedehnte Privatstudium war einfach die Fortsetzung früherer Gewohnheit; an diesem nahm eine serbische Studentin teil, Mileva Marić, die ich später heiratete. Mit Eifer und Leidenschaft aber arbeitete ich in Professor H.F. Webers physikalischem Laboratorium. Auch faszinierten mich Professor Geisers Vorlesungen über Infinitesimalgeometrie, die wahre Meisterstücke pädagogischer Kunst waren und mir später beim Ringen um die allgemeine Relativitätstheorie sehr halfen. Sonst aber interessierte mich in den Studienjahren die höhere Mathematik wenig. Irrigerweise schien es mir, dass dies ein so verzweigtes Gebiet sei, dass man leicht seine ganze Energie in einer entlegenen Provinz verschwenden könne. Auch meinte ich in meiner Unschuld, dass es für den Physiker genüge, die elementaren mathematischen Begriffe klar erfasst und für die Anwendung bereit zu haben, und dass der Rest in für den Physiker unfruchtbaren Subtilitäten bestehe – ein Irrtum, den ich erst später mit Bedauern einsah. Die mathematische Begabung war offenbar nicht hinreichend, um mich in den Stand zu setzen, das Zentrale und Fundamentale vom Peripheren, nicht prinzipiell Wichtigen zu unterscheiden».

47

Die beiden folgten im Studium der Physik dem eigenen Nachdenken, nicht der Autorität der Professoren. Sie trachteten nach Erkenntnis solcher Naturwahrheiten, die man nicht rein empirisch, sondern erst durch Vergleich des Gedachten mit dem Beobachten entdecken kann. Mileva stellte selbständige Versuche an im physikalischen Laboratorium bei den Professoren Weber und Pernet und suchte jene unsichtbaren Verbindungen zwischen verschiedenartigen Erscheinungen.

Nachtrag des Herausgebers

1987 ist der erste Band der Gesamtausgabe der Werke und Schriften Albert Einsteins erschienen (The Collected Papers of Albert Einstein. Volume 1: The Early Years, 1879–1902. Editor: John Stachel, Princeton University Press 1987). Sie wird auch alle noch erreichbaren Lebensdokumente, darunter als wohl wichtigste Quelle seine Korrespondenz, enthalten. Bei den Nachforschungen für den ersten Band ist im Nachlass des älteren Sohnes Hans Albert Einstein der Briefwechsel seiner Eltern zum Vorschein gekommen. Er füllt eine Lücke, die wohl jeder frühere Leser dieser Biographie bemerkt und empfunden hat. Mit dem Heidelberger Semester Milevas im Winter 1897/98 einsetzend, ziehen sich die Briefe durch diesen ganzen ersten Band der Gesamtausgabe bis zum Frühjahr 1902, das heisst bis zur Anstellung Einsteins am Amt für geistiges Eigentum und zu seiner Übersiedlung von Schaffhausen nach Bern.

Der Briefwechsel ist leider nicht vollständig erhalten. Von Einstein liegen 41 Briefe vor, von Mileva dagegen nur deren zehn. Das mindert natürlich den Wert des Fundes für eine Biographie Milevas beträchtlich. Aber es gibt unter ihren Briefen doch einige, die ihre persöhnliche Eigenart recht deutlich machen.

Mileva war vermutlich am 20. Oktober 1987 in Heidelberg eingetroffen; jedenfalls erscheint sie in der Fremdenliste des folgenden Tages. Sie stieg zunächst im renommierten Hotel Ritter ab und wechselte dann in ein Zimmer im Haus in der Plöck 57, das dem badischen «Unterländer Studienfonds» gehörte. Anders als in Zürich, gab es an der berühmten Ruperto-Carola, der ältesten Universität Deutschlands, noch kein gleichberechtigtes Frauenstudium. Mileva konnte sich nicht immatrikulieren, sondern musste sich bei jedem Professor, bei dem sie Vorlesungen besuchen wollte, einen besonderen Erlaubnisschein verschaffen. Das tat Mileva bei Carl Koehler (1855–1932; Zahlentheorie), bei Leo Königsberger (1837–1921; Analytische Mechanik, Ausgewählte Kapitel der Integralrechnung, Eliptische Funktionen, Mathematisches Unterseminar), der zu seiner Zeit einer der bedeutendsten und erfolgreichsten Lehrer der Mathematik war, und bei dem grossen Experimentalphysiker Philipp Lenard (1862–1947; Theoretische Physik: Wärmetheorie, Elektrodynamik), einem der ersten Nobelpreisträger für Physik (1905), dem späteren Gegner von Einsteins Relativitätstheorie und extrem nationalistischen Verkünder einer «Deutschen Physik» (1936/37). Das wichtigste Dokument dieser Zeit ist der erste Brief Milevas an Einstein. Er trägt kein Datum, dürfte aber nicht vor Ende Oktober geschrieben worden sein:

«Es ist schon ziemlich lange her, dass ich Ihren Brief bekommen, und ich hätte Ihnen gleich geantwortet, hätte Ihnen gedankt für die Aufopferung, 4 lange Seiten geschrieben zu haben, hätte auch meiner Freude n'bissel Ausdruck gegeben, die Sie mir durch unsere gemeinsame Tour bereitet, aber Sie sagten, ich sollte Ihnen schreiben, wenn ich mich einmal langweilen sollte. Und ich bin sehr folgsam (Sie können Frl. Bächtold fragen) und wartete und wartete, bis die Langeweile eintreten sollte; aber bis heute ist mein Warten vergeblich gewesen, und ich weiss wirklich nicht, wie ich das anstellen soll; ich könnte bis in alle Ewigkeit warten, aber dann hätten Sie recht, wenn Sie mich für eine Barbarin hielten, und schreibe ich, ist wieder mein Gewissen nicht in Ordnung.

Hotel zum Ritter St. Georg, in dem Mileva Marić bei ihrer Ankunft in Heidelberg abstieg.

Ich wandle jetzt, wie Sie's schon erfahren haben, unter deutschen Eichen im lieblichen Neckartale, das jetzt leider schlegeldicken Nebels schamhaft seine Reize verhüllt, und ich kann mir meine Augen rausgucken, ich sehe doch nur ein gewisses Etwas, so öde und grau wie die Unendlichkeit.

Ich glaube nicht daran, dass der Bau des menschlichen Schädels schuld ist, dass der Mensch das Unendliche nicht fassen kann; das könnte er gewiss auch, wenn man nur nicht den kleinen Mann in seinen jungen Tagen, wo er das Begreifen lernt, nicht so grausam an die Erde, oder gar an ein Nest, in die engen 4 Wände einsperren würde, sondern ihn ein bissel spazieren liesse ins Weltall hinaus. Ein unendliches Glück kann sich der Mensch so gut denken, und das Unendliche des Raums sollte er fassen können, ich glaub das müsste noch viel leichter sein. Und die Menschen sind so gescheit; was sie schon alles geleistet, das sehe ich wieder auch da bei den Heidelberger Professoren. Mein Papa hat mir etwas Tabak mitgegeben, und ich sollte es durchaus Ihnen einhändigen; er wollte Ihnen so gerne das Maul wässern machen nach unserem Räuberländchen. Ich habe ihm von Ihnen erzählt; Sie müssen durchaus einmal mit [...]

Ist es Herr Sänger, der ein Förster geworden ist? Der Arme will wahrscheinlich seine Liebe in einem höchst romantischen Schweizer Forst ausschnaufen. Aber es geschieht ihm recht, was braucht verliebt er sich noch heutzutage [was braucht er sich heutzutage noch zu verlieben], das ist schon so eine uralte Geschichte was die Menschen nicht alles wissen, man könnte sein Lebtag dasitzen und zuhören und sie wüssten einem immer noch was zu erzählen, alles was sie selbst herausgefunden [was sie alles selbst herausgefunden]. O das war zu nett gestern in der Vorlesung von Prof. Lenard; er spricht jetzt über die Kinetische Wärmetheorie der Gase, da stellte es sich also heran die Moleküle des O mit einer Geschwindigkeit von über 400 m. in einer Sekunde bewegen, dann rechnete der gute Professor und rechnete, stellte Gl. auf differen., integrierte, setzte ein und endlich kam es heraus, dass diese Moleküle sich zwar mit dieser Geschwindigkeit bewegen, aber dass sie nur einen Weg von $1/100$ von einer Haarbreite zurücklegen».

Einstein nannte Mileva im ersten von ihm erhaltenen Brief (16.2.1898) eine «kleine Ausreisserin». Das deutet auf einen plötzlichen Entschluss hin, von dem Mileva ihm offenbar nichts gesagt hatte. Sie selbst spricht in ihrem ersten Brief davon, er habe ja «schon erfahren», dass sie nun in Heidelberg sei. Wie sie sich dann dafür entscheidet, wieder nach Zürich zurückzukehren, teilt sie es Einstein selber mit, und dieser gibt ihr «(ganz selbstlos?)» den Rat, es möglichst bald zu tun (16.2.1898).

Unter südslavischen Freundinnen

Nach ihrer Rückkehr aus Heidelberg und einem kurzen Aufenthalt bei der Familie Bächtold, übersiedelte sie endgültig in die Pension Engelbrecht, wo ihre Freundinnen im dritten Stock wohnten, während Milevas Zimmer sich im vierten befand. Albert Einstein kam jeden Tag, und die Freundinnen bemerkten, dass es sich um ein ernstes Band handelte. Die schon erwähnte Milana Bota, Tochter des Arztes Paul Bota in Kruševac, stand mit ihren Eltern in herzlichem und ausführlichem Briefwechsel. So schrieb sie der Mutter am 24. Februar 1898: «... die Marić kommt häufig; sie ist ein sehr gutes Mädchen, doch gar zu ernst und schweigsam. Man würde gar nicht glauben, dass sie ein so kluger Kopf ist...»

Man merkt, dass Mileva und Albert sich absondern. Einmal macht ein Kollege eine Anspielung darauf und auf Milevas Hinken: «Nie würde ich es wagen, eine Frau zu heiraten, die nicht vollkommen gesund ist.» Albert erwidert ausweichend: «Sie hat eine so liebe Stimme», und geht nicht weiter darauf ein.

Bei Bächtolds hat man die häufigen Besuche des seltsamen Jünglings ungern gesehen. Deshalb möchte sie in die Pension Engelbrecht umziehen, muss jedoch warten, bis ein Zimmer frei wird. Sie kommt oft, fühlt sich dort wohl, es ist auch wärmer. Am 12. März 1898 berichtete Milana Bota ihrer Mutter: «Vor einer Viertelstunde hatten wir einen Imbiss; ich Milch, Ružica und Fräulein Marić Milchkaffe. Richtig, heute morgen kam auch Fräulein Marić, sie bleibt bei Ružica, bis sie eine Wohnung findet.

Sie scheint ein sehr gutes Mädchen zu sein, und sehr gescheit und ernst; klein, zart, brünett, hässlich, redet wie eine richtige Neusätzerin, hinkt ein wenig, hat aber ein sehr schönes Benehmen, da hast du ihr Bild. Ich bin recht froh, dass sie gekommen ist, es wird uns im Terzett angenehmer sein.»

In der Gesellschaft dieser heiteren Mädchen ruht Mileva von ihrer anstrengenden Arbeit aus. Sie studiert nächtelang, oft trifft das Morgengrauen sie bei ihrem Buch. Dann öffnet sie das Fenster ihrer kalten Stube, wo sie im Mantel sitzt, schläft eine Stunde oder zwei und eilt die steile Strasse zum Physikinstitut hinauf. Im Winter ist dieser Weg sehr vereist, doch das stört sie nicht. Dann bekommt sie ja einen warmen Tee, wird mit den Kollegen plaudern und mit Albert sein.

Am 18. März schreibt Milana: «Die Marić kommt fast jeden zweiten Tag, sie muss jetzt viel arbeiten. Wir haben einen komischen Bulgaren, der hier wohnt, nachgemacht und dabei viel gelacht ...» Und am 23. April: «... Mit der Marić sind wir viel zusammen, sie gefällt mir sehr ...»

Schliesslich wird im vierten Stock ein Zimmer frei. Obwohl das viele Treppensteigen sie anstrengt, ist sie begeistert. So übersiedelt sie von Nr. 74 nach Nr. 50 in derselben Strasse. Sie hat sich an die Gegend, an die Gesellschaft gewöhnt, und auch zum Polytechnikum ist es nicht weit. Sie hat ihren Vater um seine Einwilligung gebeten, denn die neue Wohnung ist teurer. Der gute Vater hat geantwortet, sie wisse ja, dass ihm die Kosten ihrer Ausbildung nie schwer fielen; er spare auf anderen Seiten, denn er liebe keine Verschwendung, doch sie dürfte weder hungern noch frieren. Sie möge nur für ihre Gesundheit und ihr Studium sorgen, die Kosten seien seine Sache.

Am 21. Mai macht Mileva ihre Freundin mit Albert bekannt. Milana schreibt darüber nach Hause: «... jetzt hat mich die Marić mit ihrem guten Freund bekannt gemacht, es ist ein Deutscher, heisst Einstein, spielt herrlich Geige, man kann sagen, er ist ein Künstler, und so werde ich wieder mit jemandem musizieren können ...»

Die beiden hielten sich meist in Milevas Zimmer auf. Aus gemeinsamem Studium hatten sich tiefe Sympathien und gegenseitige Hochachtung entwickelt. Sie war dreieinviertel Jahre älter und sorgte zunächst fast mütterlich für den damals rührend hilf-

Mileva Marić (links) mit ihren Freundinnen Milana Bota und Ružica Dražić

losen Kollegen. Das bescheidene, keusche Mädchen und der zerzauste, gutmütige junge Mann genügten einander und begannen nach und nach ihrer Gesellschaft fernzubleiben. Milevas Freundinnen sahen, dass da neue Gefühlsbeziehungen entstanden waren und sie ihnen überflüssig wurden. Die beiden machten jetzt allein weite Spaziergänge, stiegen in anregenden Gesprächen auf den Uetliberg und betrachteten von dort die Stadt und den See.

Die Sommerferien verbrachte Mileva stets in Novi Sad, fast immer mit den Ihrigen oder mit der ihr sehr nahestehenden Desanka Tapavica. Der Mutter half sie treulich im Haushalt; von Schwester und Bruder wurde sie mit grosser Neugier über das Leben in der Fremde ausgefragt.

Am Ende des Studienjahres berichtet Milana ihrer Familie: «... die Marić kann erst Anfang August reisen, denn am Polytechnikum endet das Semester später» (2. Juli 1898). Gleich ihrem Vater spart Mileva wo sie kann, so auch an der Eisenbahnkarte. Wozu ein Schnellzug, wenn auch der langsamere sie zum selben Ziel bringt und zwar um den halben Preis? Die Jugend knickert nicht mit der Zeit. Am 5. Juli 1898 schreibt Milana, sie müsse bis Ende Juli warten, wenn sie mit Mileva reisen wolle, doch werde diese wahrscheinlich den gewöhnlichen Personenzug benutzen.

Aus Sparsamkeitsgründen nähte Mileva ihre Kleider selbst. Darin, wie im Kochen, war sie äusserst geschickt. Sie war überzeugt, dass sie alle weiblichen Arbeiten mindestens ebenso gut wie die anderen Frauen beherrsche. Am 18. November 1898 rühmt sich Milana ihrer Mutter gegenüber, sie habe sich eine schöne Bluse genäht, «doch versteht sich, Mitza hat sie mir zugeschnitten und mir alles gezeigt.»

Mileva war zu allen Arbeiten so geschickt, dass man schon in Novi Sad von ihr sagte: «Was sie sieht, das macht sie.» Eine ihrer Verwandten, Frau Marić in Belgrad, erzählt, wie sie sich einst mit einem Strickmuster abquälte und keine ihrer Bekannten ihr helfen konnte. Doch als sie es Mileva zeigte, wusste diese sofort, wie man es anpacken musste.

Nach den Vorlesungen begleitet Albert jeweils Mileva die steile Strasse hinunter. Sie reden von allem, vom Alltag und von ihren Plänen. Albert verbringt jetzt den gröss-

Rückseite von 51) mit Sinnsprüchen (Mizerl = Mileva). Unten rechts die Notiz: «Erinnerung an das gemeinschaftliche Leben an der Plattenstrasse 58 III und IV

ten Teil seiner freien Zeit in ihrer gemütlichen Stube in lautem Nachdenken über kosmische Probleme und seine Pläne, während sie nachdenkend schweigt. Sie sind sich darin einig, dass so manches Naturgeschehen sich mit den bisherigen Auffassungen der Physik nicht in Einklang bringen lässt. Sie ist es, welche die Frage nach dem Äther stellt, der bald der Träger kosmischen Geschehens sein soll, bald sich überhaupt nicht kundgibt und ganz verneint wird. Albert greift dieses Problem auf, und sie suchen gemeinsam nach dessen Lösung.

Milana musiziert mit ihm, was Mileva beunruhigt, so dass sie die Freundin zu meiden beginnt. Doch das dauert nur kurze Zeit. Sie ist Alberts sicher; auch weiss sie, dass Milana anderwärts gebunden ist.

Ende des Jahres kommt Milanas Mutter nach Zürich, wie schon einigemale zuvor. Stets brachte sie viele Leckerbissen mit und traktierte die junge Welt ausgiebig. Jedermann freute sich auf ihre Ankunft. Albert hatte schon gefragt: «Wann kommt Frau Bota?» Von allen Freundinnen ihrer Tochter war Mileva ihr die liebste. Sie war eine modern denkende Frau und verstand die Jugend. Ein Jahr vorher hatte sie von Zürich aus ihrem Manne, Dr. Paul Bota, geschrieben: «Vor zwei Tagen waren wir mit Djuro und der Kroatin (Paunković? Ruža Šaj?) in Aussersihl, wo in einem grossen Saal der berühmte Sozialist August Bebel über Sozialismus und Kommunismus sprach, der Saal war voll, wohl tausend Personen, und nach der Rede wurde er von Deutschen und Polen getragen. Es war herrlich, Bebel zu hören, das ist ein milder hagerer Mann mit grauem Haar und Bart. Ich dachte mir, wenn doch nur unser Gevatter Rada (Ilić?) da wäre, der würde sich freuen. Er schalt auf die Bourgeoisie und sagte zum Schluss, er sei fest überzeugt, dass der Sozialismus siegen müsse und dass die Zukunft den Sozialisten gehöre!» Sie führte die «Kinder» in Ausstellungen, ins Theater und in Konzerte.

Am 26. April 1899 schreibt Milana: «auch Mitza ist seit langem hier, und ihr Deutscher mit ihr, und sie ist jetzt sehr liebenswürdig mit mir . . .». Milana fühlte sich Mileva sehr nahe. Ihr vertraute sie sich an und suchte oft ihren Rat. Sie spielte ihr vor und wünschte Milevas Ansichten über alles kennenzulernen. Ihren Eltern schrieb sie am 13. Mai 1899: «Mit Mitza komme ich am meisten zusammen, sonst nur noch mit Ruža und Ada ... wenn ich nicht mehr lernen mag, spiele und singe ich ein wenig, und wenn ich plaudern will, gehe ich zu Mitza, und so vergeht mir die Zeit rasch und angenehm.»

Mileva und Albert
Nachtrag des Herausgebers

Am 16. April 1898 meldete sich Mileva Maric bei der Einwohnerkontrolle der Stadt Zürich wieder an. Sie mietete ein Zimmer im Haus Plattenstrasse 74, wo sie schon nach ihrer ersten Ankunft in Zürich gewohnt hatte. Nun waren die beiden angehenden Physiker wieder am gleichen Ort vereint und brauchten weder Briefe zu schreiben noch auf Briefe zu warten. Aus den paar kurzen Benachrichtigungen, die erhalten geblieben sind, erfahren wir, dass sie sich häufig besuchten und gemeinsam Bücher lasen. Erst mit den Briefen Einsteins aus den Frühlings- und den Sommerferien des nächsten Jahres erfahren wir mehr.
Von Mailand aus, wo sich Einstein im März 1899 bei seinen Eltern aufhielt, schrieb er Mileva: «Ihre Photographie hat bei meiner Alten grossen Effekt gemacht. Während sie in der Betrachtung versunken war, sagte ich noch dazu sehr verständnisinnig: Ja, ja, die ist halt ein gescheidtes Luder. Dafür und für ähliches hab ich schon ziemlich Neckereien auszustehen, was mir aber gar nicht unangenehm ist.»
Eine grössere Zahl von Briefen – fünf von Einstein, einer von Mileva – stammt aus den Ferien nach dem Sommersemester 1899. Mileva bereitete sich bei ihren Eltern in

Matrikel.

Marić, Mileva, von Titel (Ungarn) geb. 8. Dez. 1875.

Adresse der Eltern oder des Vormundes: Milos Marić, offizial der kgl. Canalsekl. in Pension, Neusatz.

Abteilung VI A.

		Schuljahr	
1. Jahreskurs			1896/97
2. »	I. Semester	»	1893/95
3. »		»	1898/99
4. »		»	1899/1900
»	Repetent	II	1901

Deponirte Zeugnisse:

Aufenthaltsbewilligung

Geburtsschein

Eidg. matz. Maturitätszeugnis

Frequenzzeugnis der Universität Heidelberg.

Aufnahms-Prüfung.

Aufsatz	Mathematik		
Politische und Literatur-Geschichte .	Darstellende Geometrie		
Deutsche Sprache	Chemie		
Französische Sprache	Physik		
Naturwissenschaften	Zeichnen		

Aufnahme: Oktober 1896 Wiedereintritt: April 1898 Wiedereintr. April 1901

Austritt: 5. Okt. 97 (Zeugniss zugesandt) Austritt: August 1900 Austritt: August 1901

Anmerkung: 6 ist die beste, 1 die geringste Note.

Matrikel des Zürcher Polytechnikums mit Aufnahmeprüfung . . .

Abgangs-Zeugnis.

Fächer	Lehrer	Leistungen	Fächer	Lehrer	Leistungen
Differential- u. Integralrechng. mit Übg.	Hurwitz	4½	Einführg. i. d. Elektromechanik	Weber	—
darst. Geom. mit Übg.	Fiedler	4¾	Hoh. Geod. u. 0. physikal. Lab.	„	5⅓
projektivische Geometrie	„	3½	Wechselströme	„	—
Geometrie der Kurven	„	—	System der absoluten elektr. Messungen	„	—
Geometrie der Lage	„	5	Mechanik der Himmels	Wolfer	—
Darstellende Geometrie mit Übg.	Herzog	4½	Einleitg. i. d. Astronomie	„	—
analyt. Geometrie	Geiser	4½	Geographische Ortsbestimmung	„	5
determinanten	„	—	Astronomische Übgn.	„	—
Infinitesimalgeometrie	„	—	Nichtobligatorische Fächer		
geometrische Theorie der Invarianten	„	—	Geologie der Gebirge	Heim	—
Funktionentheorie	Minkowski	—	Urgeschichte des Menschen	Heim	—
Potentialtheorie	„	—	schweiz. Kulturgeschichte im		
elliptische Funktionen	„	—	Mittelalterg. Reformationsgesch.	Oechsli	—
anal. Mechanik	„	—	Grundlehren der Nationalökonomie	Classe	—
Variationsrechng.	„	—	Botanische Exkursionen	Schröter	—
Algebra	„	—	Grundriss der Psychologie	Stadler	—
partielle Differentialgleichungen	„	—			
Anwendg. der anal. Mechanik	„	—			
Theorie der bestimmten Integrale	Herzog	—			
„ . linearen Differentialgleichg.	„	—			
Physikal. Prakt. f. Anfänger	Pernet	5			
Anleitg. zum physikal. Prakt.	„	—			
Physik	Weber	5			
Princ. d. elektr. Kosmetik der Elektrotechnik	„	—			

Bemerkungen: Über das sittliche Verhalten liegen keine Klagen vor.   Ausgestellt den 2. August 1900.

DIPLOM als:

laut Beschluss des schweizerischen Schulrates

dat.

und Abgangszeugnis

Kać auf die Übergangsdiplomprüfung vor. Einstein verbrachte die Ferien zuerst mit seiner Mutter und der Schwester Maja in der Pension «Paradies» im zürcherischen Mettmenstetten – «ein recht ruhiges, nettes, philiströses Leben, wie sich eben die Frommen und Braven dieser Welt das Paradies denken». Was ihn bewegt, sind seine Studien, seine Gedanken an das «liebe Doxerl» (wie er nun Mileva fortan bajuvarisierend häufig nennt, wobei Docke süddeutsch Puppe bedeutet). Beides erscheint im ersten dieser Briefe eng verschränkt: «... Daneben hab ich auch schon hübsch was im Helmholtz studiert über atmosphärische Bewegungen – aus Angst vor Ihnen und nebenbei zum eigenen Vergnügen füge ich gleich hinzu, dass ich die ganze Geschichte auch mit Ihnen überlesen will ... Als ich das erstemal im Helmholtz las, konnte ich gar nicht begreifen, dass Sie nicht bei mir sassen, und jetzt geht's mir nicht viel besser. Ich finde das Zusammenarbeiten sehr gut und heilsam und daneben weniger austrocknend.»

Im folgenden Brief aus Mettmenstetten berichtet Einstein ausführlich über seine Gedanken zur Lektüre von Helmholtz und Hertz und bewundert humorvoll den Studienfleiss Milevas: «Sie Gute schreiben mir noch, dass Ihnen die Stopfkur fürs Examen ganz gut tut, das lass ich mir gefallen. Sie sind halt ein Hauptkerl und haben viel Lebenskraft und Gesundheit in Ihrem kleinen Leibchen.»

Der eine erhaltene Brief von Mileva aus diesen Wochen beginnt zwar noch recht förmlich mit «Lieber Herr Einstein», enthält aber doch ein kaum mehr verhülltes Liebesbekenntnis: «Ihre Briefe heimeln mich jedesmal so schön an. Aus der Reihe der gemeinsamen Erlebnisse hat sich noch ganz verstohlen ein sonderbares Gefühl gebildet, das bei leisestem Antippen sofort wach wird, auch ohne dass die Erinnerung ans Einzelne gerade recht zum Bewusstsein kommt, und welches macht, dass es mir jedesmal gerade vorkommt, ich wäre wieder in meinem Zimmer.» Im übrigen erfahren wir, dass sie vor lauter Arbeiten für die bevorstehende Zwischenprüfung über den Hausgarten in Kać nicht hinauskommt und sich «viel Kummer» wegen des Examens bei Wilhelm Fiedler im Fach «Darstellende und projektivische Geometrie» macht: das scheint ihr «der längste Knödel» zu sein. Im dritten Brief Einsteins

62

ist wieder die Rede von seiner Lektüre (zu der nun noch Boltzmann und Mach hinzugekommen sind). Er beschwichtigt die darauf offenbar etwas eifersüchtige Mileva: «Damit Sie aber das sorgenvolle Stirnlein nicht runzeln, verspreche ich Ihnen gleich feierlich, alles mit Ihnen durchzugehen. Ich denke, wir wollen einmal in den Ferien in Zürich bleiben, um unser Semesterleben ohne Kolleg einmal in aller Behaglichkeit zu führen, das muss doch eigentlich recht nett sein» (10.9.1899).

Mileva hatte vor, am 25. September wieder in Zürich zu sein, wo am 2. Oktober die Zwischenprüfungen begannen. Einstein war um diese Zeit noch bei seiner Familie in Mailand und plante, um Mitte Oktober «wieder bei ‹uns›» einzutreffen: «Ich freue mich sehr darauf, denn bei uns ist es doch am nettesten und gemütlichsten ... Ich werde irgendwo in die Plattenstrasse ziehen, aber nicht in ihr Haus – den Zungen der Menschen zuliebe. Auf den Zürichberg zöge ich gern, wenn's nicht zu weit von ‹uns› weg wäre.» Er versucht, Mileva über das Examen hinwegzutrösten: «Es wird schon gut gehen – Ihr hartes Köpfchen bürgt mir dafür. Da möcht ich durchs Schlüsselloch gucken!» Er selbst fühlt sich in Mailand unbehaglich, «weil mir das Klima sehr schlecht bekommt und ich mich aus Mangel an einer bestimmten Arbeit zu sehr dem Grübeln hingebe – kurz ich sehe und fühle, dass Ihre wohltätige Fuchtel nicht über mir schwebt, die sonst die Schranke bewahrt.» So freut er sich auf das baldige Wiedersehen und Zusammensein in Zürich: «...dann fangen wir gleich mit Helmhotz' elektromagnetischer Lichttheorie an, die ich 1) angsthalber 2) weil ich sie nicht hatte, noch nicht gelesen habe.»

Mileva bestand die gefürchtete Übergangsdiplomprüfung mit guten Noten: mit einer 5.5 in Physik, je einer 5 in Differential- und Integralrechnung, Angewandter Geometrie und Mechanik und einer 4.75 in ihrem schwachen Fach Darstellende Geometrie. Die insgesamt sechs Kandidaten erreichten Gesamtnoten zwischen 4.8 und 5.65; Mileva kam mit 5.05 auf den fünften Platz.

An gleichen Tag, an dem die Professorenkonferenz diese Prüfung zu Protokoll gab, am 19. Oktober 1899, stellte Einstein das die Einbürgerung in Zürich vorbereitende Gesuch an den Bundesrat. (Das Verfahren nahm nach seiner Bewerbung in Zürich im Sommer 1900 seinen damals raschen und einfachen Gang; am 7. Februar 1901 wurde die Einbürgerung durch den Regierungsrat des Kantons Zürich bestätigt.) Wohl gemeinsam machten sich Mileva und Einstein nun Gedanken über die bevorstehende Diplomarbeit bei Professor F. Weber. Am 9. März 1900 schrieb Mileva ihrer Freundin Helene Kaufler, Weber habe ihren Vorschlag angenommen und sei «sogar sehr zufrieden damit. Ich freue mich sehr auf die Untersuchungen, die ich da zu machen habe. Auch E. hat sich ein sehr interessantes Thema gewählt». Über fünfzig Jahre später bemerkte Einstein in einem Brief an Carl Seelig, die Diplomarbeiten hätten sich auf Wärmeleitung bezogen und seien für ihn «ohne irgendwelches Interesse» gewesen. Leider sind die Arbeiten vernichtet worden.

Bis zur Diplomprüfung im Juli 1900 herrscht Stille. Nur aus einem weiteren Brief Milevas an Helene Kaufler erfährt man, wie schwer die Feindseligkeit der Mutter Einsteins auf ihr lastete. Aus Briefen von Milevas Freundinnen werden gewisse kritische Töne gegenüber Einstein laut. Sie meinen, er nütze sie zu sehr aus und sei ihr gegenüber nicht so aufmerksam, wie sie es verdiene. Milana Bota schreibt ihrer Mutter gar: «Mitza sehe ich wenig, wegen dem Deutschen, den ich hasse» (7.6.1900).

Die Diplomprüfung wurde am 27. Juli verabschiedet. Einstein bestand sie eher knapp mit der Durchschnittsnote 4.91; Mileva wurde mit einer 4 nicht diplomiert. Während die beiden in den Fächern Theoretische und Praktische Physik nur wenig auseinanderlagen (Mileva: 4.5, 5 – Einstein: 5, 5) und auch der Unterschied in den Noten für die Diplomarbeit nicht sehr gross ist (4 bzw. 4,5), blieb Mileva in Funktionentheorie und Astronomie mit den Noten 2.5 und 4 (gegenüber 5.5 und 5) beträchtlich zurück. Merkwürdig ist, dass dieser Fehlschlag in den anschliessenden Briefen Einsteins keine Spuren hinterlassen hat.

Nach der Diplomprüfung am Ende des Sommersemesters 1900 stellte sich die nämliche Situation wieder ein wie im Vorjahr: Mileva fuhr nach Hause zu ihren Eltern, Einstein verbrachte die Ferien mit Mutter und Schwester zuerst in einem Bergort (Melchtal), dann in Mailand, für kürzere Aufenthalte gelegentlich auch in Zürich. So waren sie bis zum Beginn des Wintersemesters für etwa zweieinhalb Monate getrennt und schrieben sich wieder Briefe. Von Einstein sind zehn erhalten, von Mileva kein einziger!

Jetzt variieren die Anreden Einsteins zwischen «Mein liebstes Doxerl», «Meine süsse Kloane» und «Meine liebe Miez»; auch das Du verrät, dass die beiden ein Liebespaar geworden sind. Einstein schildert im ersten seiner Briefe den Ferienbeginn in Melchtal (Obwalden) mit Mutter und Schwester. Diese hatte ihm gleich bei der Ankunft gestanden, «dass sie es nicht gewagt habe, etwas über die ‹Dockerlaffäre› zu berichten, auch bat sie mich, ich solle die Mama ‹schonen› – das soll heissen – nicht mit der Tür ins Haus fallen. Wir kommen heim, ich auf Mamas Zimmer (unter 4 Augen).

Zuerst muss ich ihr vom Examen erzählen, dann frägt sie mich so recht harmlos: ‹Nun, und was wird denn aus Dockerl?› ‹Meine Frau› sag ich ebenso harmlos, doch auf eine gehörige ‹Szene› gefasst. Die kam auch gleich.

Mama warf sich auf ihr Bett, verbarg den Kopf in den Kissen und weinte wie ein Kind. Als sie sich vom ersten Schreck erholt hatte, ging sie sofort zu einer verzweifelten Offensive über: ‹Du vermöbelst Dir Deine Zukunft und versperrst Dir Deinen Lebensweg.› ‹Die kann ja in gar keine anständige Familie.› ‹Wenn sie ein Kind bekommt, dann hast Du die Bescherung.› Bei diesem letzten Ausbruch, dem noch mehrere vorangegangen waren, brach mir endlich die Geduld. Ich wies den Verdacht, dass wir unsittlich zusammengelebt hätten, mit aller Energie zurück, schimpfte tüchtig und wollte eben das Zimmer verlassen, als Mamas Freundin, Frau Bär, ins Zimmer trat ... Da sprachen wir sofort mit grösstem Eifer vom Wetter, von neuen Kurgästen, ungezogenen Kindern usw. ... Beim ‹Gute Nacht› unter 4 Augen ging wieder dieselbe Historie los, doch ‹più piano›. Am folgenden Tage war das Ding schon besser, und zwar, wie sie selbst sagte, aus folgendem Grunde: ‹Wenn sie noch kein (von ihr so gefürchtetes) Verhältnis gehabt haben und noch so lange warten wollen, so werden sich schon noch Mittel und Wege finden.› Nur das ist sehr fatal, dass wir immer beisammen bleiben wollen. Die Bekehrungsversuche beruhten in Reden wie: ‹Sie ist ein Buch wie Du – Du solltest aber eine Frau haben› . ‹Bis Du 30

65

bist, ist sie eine alte Hex› usw. Doch da sie sieht, dass sie vorläufig absolut nichts ausrichtet, sondern mich nur böse macht, hat sie einstweilen die ‹Behandlung› aufgegeben.»

Der Brief schliesst: «Wenn ich nur bald wieder bei Dir in Zürich sein könnte, mein Schätzchen! Sei tausendmal gegrüsst und kolossal gepuzerlinet von Deins Johannesl.» Das war der Name, den ihm Mileva mitlerweile gegeben hatte, wie in dem undatierten Billettchen, das vielleicht in diese Zeit gehört: «Mei liebes Johonesl! Da ich dich so gern hob und du so weit bist, dass ich dir keins Putzerl kann geben, schreib ich dir jetzt dieses Brieferl und frage dich, ob du mich auch so gern host, wie ich dich? Antworte mir sofort. Tausend Küsserline von deins D.»

Fast jeder Brief Einsteins enthält eine Bemerkung über das «heikle Thema», die «Affäre» – immer begleitet von innigen Liebeserklärungen, munterem Liebesgezwitscher und Klagen über seine Verlorenheit:

«Wenn ich Dich nicht habe, so ist mir gerade zu Mute, wie wenn ich selbst nicht ganz wäre. Wenn ich sitze, so möchte ich gehen; wenn ich gehe, freue ich mich heim, wenn ich mich unterhalte, möchte ich studieren, wenn ich studiere, fehlt es mir an Beschaulichkeit und Ruhe, und wenn ich schlafen gehe, bin ich nicht befriedigt über den verlebten Tag» (6.8.1900). So sehr mich mein altes Zürich wieder anheimelt, so sehr fehlst Du mir, meine kleine, liebe ‹rechte Hand› . Ich mag hingehen, wo ich will – ich gehöre doch nirgends hin, und ich vermisse zwei Ärmchen und das glühende Mäulchen voll Zärtlichkeit und Puzerline. Wie hab ich die katholischen Geistlichen bemitleidet, die in Melchthal waren!» (9.?8.1900). Wie hab ich nur früher allein leben können, Du mein kleines Alles. Ohne Dich fehlt mir's an Selbstgefühl, Arbeitslust, Lebensfreude – kurz ohne Dich ist mein Leben kein Leben.» «Meine einzige Zerstreuung ist das Studium, das ich jetzt mit doppelter Liebe betreibe, und meine einzige Hoffnung bist Du, meine liebe treue Seele. Ohne den Gedanken an Dich möchte ich gar nicht mehr leben im traurigen Menschengewühl. Doch Dein Besitz macht mich stolz, und Deine Liebe macht mich glücklich. Doppelt selig werde ich sein, wenn ich Dich wieder ans Herz drücken kann und Deine liebenden Augen sehe, die

66

nur mir leuchten, und Deinen lieben Mund küsse, der nur mir in Wonne gezittert.»
Bald himmelhoch jauchzend, bald zu Tode betrübt, schreibt Einstein das eine Mal
von den ob seiner Liebe zu Mileva bekümmerten Eltern: «Mama weint oft bittere
Tränen, und kein ungestörtes Augenblickchen wird mir hier zuteil. Meine Eltern be-
weinen mich fast, wie wenn ich gestorben wäre» – dann wieder schickt er seiner «lieben Kloanen» ein Schnadahüpfl (20.8.1900):

> «O mei! der Johonzel,
> Der is ganz verruckt.
> Gmoant hod er seins Doxerl
> Und's Kissen hot er druckt.
>
> Wenn's Schatzerl mir schmollen tut,
> Werd i windelweich.
> Doch es zuckt mit die Oxeln
> Und sogt: Is jo gleich.
>
> Moane Olden die denken
> Dees is a dumme Sach ...
> Ober sogen tans nix,
> Sonst kriegatens aufs Dach.
>
> Mein Doxerl sei Schnaberl
> Des mecht i gern hern
> Und nachher ihm's lusti
> mit meinem verspern ...»

Die Briefe Einsteins enthalten aber auch mancherlei Hinweise auf seine Studien und
gewähren dabei auch einen gewissen Einblick in Art und Grad der darin mit Mileva
bestehenden Gemeinschaft.

«Ruhe Dich nur tüchtig aus, Herzchen», ruft er ihr zu, «Du kannst ja mit Deinem Johonnesl noch genug des herrlichen Gestrebes vollbringen» (6.8.1900). Bald darauf wird er in der (sich dann nicht erfüllenden) Erwartung einer Assistentenstelle am Zürcher Polytechnikum ganz übermütig: «Ich kann's gar nicht erwarten, bis ich Dich wieder herzen und drücken und mit Dir leben kann. Und lustig werden wir drauf los arbeiten und Geld haben wie Mist» (9.?8.1900). Dann wieder mahnt er Mileva: «Studiere nur nicht viel, wenn Deine Bücher kommen, sondern ruhe Dich aus, dass Du mir wieder der alte Gassenbub wirst. Nur eines will und verlang ich von Dir, dass es Dir wohl sein soll. Wenn das aber nicht der Fall ist, dann prügle ich Dich» (14.?8.1900).

So etwas gehört zu den Spässen, die Mileva an dem «übermütigen Kerl» immer wieder gefallen und an denen er selber sein Vergnügen hat: «Wenn ich jetzt an Dich denk, mein' ich grad, ich wollt Dich gar nie mehr ärgern und aufziehen, sondern immer sein wie ein Engel! O schöne Illusion! Aber gelt, Du hast mich sonst auch gern, wenn ich auch wieder der alte Lump bin voll Kapricen, Teufeleien und launisch wie stets!» (13.?9.1900).

Von Mailand aus fachsimpelt er und gibt dabei auch einen der raren konkreten Einblicke in die gemeinsamen Studien: «Zur Untersuchung des Thomsoneffekts hab ich wieder zu einer andern Methode meine Zuflucht genommen, die eine gewisse Ähnlichkeit mit der Deinen zur Bestimmung der Abhängigkeit von k und T hat und welche eine solche Untersuchung auch voraussetzt. Wenn wir nur gleich morgen anfangen könnten! (3.8., eventuell 6.9.1900). Ein paar Tage später schreibt er: «Sogar meine Arbeit erscheint mir zwecklos und unnötig, wenn ich mir nicht dazu denke, dass Du Dich mit dem freust, was ich bin und was ich tu ... Ich freu mich auch sehr auf unsere neuen Arbeiten. Du musst jetzt Deine Untersuchungen [Diplomarbeit] fortsetzen – wie stolz werd ich sein, wenn ich gar vielleicht ein kleines Doktorlin zum Schatz habe und selbst noch ein ganz gewöhnlicher Mensch bin!» (13.?9.1900). Und ganz ähnlich äussert er sich im letzten erhaltenen Brief aus den Ferien: «In der physikalischen Chemie weiss ich nun schon ziemlich was. Ich bin ganz entzückt über die-

Erfolge, die man in diesem Gebiet in den letzten 30 Jahren errungen hat. Du wirst Freude daran haben, wenn wir's zusammen durchnehmen. Auch die benützten physikalischen Untersuchungsmethoden sind sehr interessant. Das Allerprachtvollste ist die Ionentheorie, welche sich in den verschiedensten Gebieten glänzend bewährt hat. Die Resultate über Kapillarität, welche ich neulich in Zürich fand, scheinen trotz ihrer Einfachheit vollkommen neu zu sein. Wenn wir nach Zürich kommen, suchen wir uns empirisches Material über die Sache durch Kleiner zu verschaffen. Wenn sich dabei ein Naturgesetz ergibt, dann schicken wir's ein in Wiedemanns Annalen ... Wie glücklich bin ich, dass ich in Dir eine ebenbürtige Kreatur gefunden habe, die gleich kräftig und selbständig ist wie ich selbst! Ausser mit Dir bin ich mit allen allein» (3.10.1900. Bei der in diesem Brief erwähnten Arbeit handelt es sich um die erste Publikation Albert Einsteins. Sie wird im kommenden Frühjahr im 4. Band der Leipziger «Annalen der Physik» erscheinen.)

Zum Wintersemester 1900/01 kam Mileva mit ihrer Schwester Zorka nach Zürich zurück, die aber vermutlich nur für kürzere Zeit bei ihr blieb, da ihr Aufenthalt in der Einwohnerkontrolle der Stadt Zürich nicht vermerkt ist. Mileva nahm ihr Studium nun als «Repetentin» wieder auf, da sie vorhatte, die Diplomprüfung im Juli zu wiederholen. Vom November 1900 bis Ende März 1901 wohnte sie bei einer Frau Lanker an der Hottingerstrasse 52, dann zog sie wieder in die Pension Engelbrecht an der Plattenstrasse 50. Einstein steckte, wie er Helene Kaufler schrieb, «wie immer den ganzen Tag bei ihr».

Die wechselnden Projekte Einsteins für sein weiteres Fortkommen – meist vage Aussichten auf eine Assistentenstelle – machten Mileva bald bittere Stunden, weil sie die Trennung von ihm fürchtete, bald schwere Sorgen, wenn sie sich wieder in nichts aufgelöst hatten, was nach den Vermutungen der beiden teilweise das Werk von Weber war, der sich Einstein gegenüber sehr negativ verhielt, was dann auch das Verhältnis zwischen Mileva und Weber in Mitleidenschaft zog. Dazu kam die Feindseligkeit der Eltern, vor allem der Mutter Einsteins, die, wie es scheint, gelegentlich recht intrigante Formen annahm.

«Wir wissen noch gar nicht, was das liebe Schicksal mit uns beschlossen hat», schrieb Mileva anfangs 1901 ihrer Freundin Helene, die inzwischen geheiratet hatte und in Belgrad wohnte, wo ihr Mann, der Chemiker Milivoje Savić, Sektionschef im Ministerium für Handel und Industrie war. «Albert bewarb sich um eine praktische Stelle in Wien. Er will sich so, da er sich doch Geld verdienen soll, weiter in der theoretischen Physik, neben seiner Arbeit, vervollkommnen, um später Universitätsprofessor zu werden. Wir wissen aber nicht, was daraus wird. Und was aus mir wird, ob ich wirklich an ein Mädchengymnasium komme, das wissen die Götter. Wir leben und arbeiten wie früher. In den letzten Tagen haben wir viel geschlittelt auf dem Zürichberg. Du siehst, wir haben noch immer unsere unschuldigen Passionen. Albert war immer selig, wenn's runterging ‹wie der Deixel›».

Nach Semesterschluss ging Einstein wie üblich zu den Eltern nach Mailand. Wiederum sind aus dieser Ferienzeit nur Briefe von ihm erhalten geblieben. Sie drehen sich vielfach um seine Berufspläne. Nach einer weiteren Absage aus Deutschland war er überzeugt, dass es sinnlos sei, sich bei deutschen Professoren weiter zu bemühen, da sich doch alle bei dem ihn ablehnenden Weber erkundigen würden. Er setzte nun seine Hoffnungen auf Italien, wo er über geeignete Verbindungen verfügte und eine «Hauptschwierigkeit» wegfiel, «nämlich der Antisemitismus, der mir in deutschen Ländern ebenso unangenehm als hinderlich wäre». Mileva bemühte sich gleichzeitig um die schon erwähnte Stelle an einem Mädchengymnasium in Zagreb, woraus auch nichts wurde.

Den grössten Raum nehmen in diesen insgesamt sechs Briefen Einsteins wissenschaftliche Erörterungen ein, die er öfters mit der Bitte an Mileva verbindet, für ihn eine Frage in der Literatur weiterzuverfolgen. Wie schon früher, sind Liebe und Wissenschaft geradezu amalgamisch verbunden: «Du bist und bleibst mir ein Heiligtum, in das niemand dringen darf; auch weiss ich, dass Du mich von allen am innigsten liebst und am besten verstehst. Auch versichere ich Dir, dass es hier niemand wagt, noch wollte, was Schlimmes über Dich zu sagen. Wie glücklich und stolz werde ich sein, wenn wir beide zusammen unsere Arbeit über die Relativbewegung siegreich zu Ende geführt haben! Wenn ich so andere Leute sehe, da kommt mir's so recht, was an Dir ist!» (27.3.1901).

Aus einem der nächsten Briefe geht auch ganz deutlich hervor, dass Mileva geradezu eifersüchtig darauf bedacht war, fortwährend in die Studien und Gedanken Einsteins einbezogen zu sein: «Wenn Du Deine Macht über mich besser kennen tätest, Du kleines Hexchen, hättest nicht immer Angst, ich möchte Dich hintanhalten mit allem Möglichen, denn das ist wahrlich nicht meine Absicht … So will ich Dir also heut ausführlich über mich berichten, weil ich sehe, dass Du es gern hast» (10.4.1901).

Mitte April erhellt sich der Horizont mit einem Mal etwas. Einstein bekommt eine Vertretung am Technikum Winterthur und gleichzeitig von seinem Freund Marcel Grossman die Nachricht, dass er wahrscheinlich eine Stelle am Amt für geistiges Eigentum in Bern bekommen werde. In glücklicher Stimmung lädt er Mileva Ende April zu einem Ausflug am Comersee ein, nachdem er kurz vorher einem Vorschlag Milevas, sich in Lugano zu treffen, seiner «sehr katzenjämmerlichen Stimmung» wegen nicht hatte folgen wollen. Nun ist es Mileva, die am 1. Mai zu-, aber schon anderntags absagt wegen eines Briefes von zu Hause, der ihr «alle Lust» nimmt «nicht nur zu einem Vergnügen, sondern auch zum Leben». Wahrscheinlich enthielt der Brief Vorwürfe wegen ihres unbefriedigend verlaufenen Studiums und ihrer Verbindung mit Einstein. Aber schon am nächsten Tag besinnt sie sich doch anders und reist am 5. Mai nach Como, wo sie «jemand mit offenen Armen und ‹klopfendem Herzen› erwartete».

So beginnt der ausführliche Reisebericht Milevas in einem Brief an ihre Freundin Helene. Er gehört zu den wenigen ausführlichen Dokumenten aus ihrem Zusammenleben mit Einstein: «Ich muss Dir ein kleines bisschen über unsere Reise erzählen, denn sie war so schön, dass ich dabei all meine Trübsal wieder vergessen habe. Wir hielten uns in Como einen halben Tag auf und fuhren dann mit dem Schiff gegen Colico. In Cadenabbia machten wir einen kleinen Aufenthalt und besuchten die Villa Carlotta. Ich kann Dir gar nicht sagen, welche Pracht wir da überall fanden.

Du weisst, da sind ein paar Sachen von Canova, und dann der prächtige Garten, der ist mir besonders am Herzen geblieben, besonders weil wir nicht ein einziges Blümchen stibitzen durften. Wir waren da im schönsten Frühling und ahnten gar nicht, dass es das Schicksal beschlossen hatte, dass wir schon am nächsten Tag durch Schneegestöber Schlitten fahren sollten! Der Splügen nämlich, über den wir wollten, lag tief im Schnee, der stellenweise eine Höhe von 6 Metern erreichte. Wir mieteten uns also einen ganz kleinen Schlitten, wie sie dort im Gebrauch sind, wo gerade 2 Menschen, die sich gern haben, Platz haben, und wo hinten auf einem Brettl der Kutscher steht und die ganze Zeit schwatzt und einen ‹signoria› nennt – kannst Du Dir was Schöneres denken? Wir mussten ein paar Stunden fahren, aber nur bis zur Passhöhe, denn von da ab wollten wir es zu Fuss wagen. Es schneite die ganze Zeit so lustig und wir fuhren bald durch lange Gallerien, bald auf offener Strasse, wo sich bis in die weiteste Ferne unsern Augen nichts darbot als Schnee und wieder Schnee, so dass es mich manchmal vor dieser kalten weissen Unendlichkeit ganz schauerte und ich meinen Schatz unter Mänteln und Tüchern, die uns bedeckten, fest am Arm hielt. – Der Abstieg vom Splügen war auch wunderschön, wir mussten tüchtig schneestampfen, doch amüsierten wir uns dabei so gut, dass keine Spur von Beschwerde da war. An geeigneten Stellen machten wir Lawinen, um die Welt unter uns so recht in Angst zu setzen. – Das Rheintal und die Via mala kennst Du, glaube ich, auch, die waren einfach prachtvoll, obwohl das Wetter ein bisserl düster war, aber das störte unsere gute Laune nicht. Wie glücklich war ich, wieder meinen Liebsten ein bischen zu haben, besonders weil ich sah, dass er ebenso glücklich ist!»

Am Ende der Reise fuhren Mileva und Einstein miteinander nach Zürich, wo sie vermutlich am 8. Mai ankamen. Einstein übernachtete im Hotel Central, packte am anderen Tag seine Siebensachen, die noch bei der früheren Logisgeberin lagen, und fuhr am Nachmittag nach Winterthur. So waren die beiden zwar weiterhin getrennt, aber doch in Reichweite.

Am Schluss des Briefes mit dem Reisebericht schrieb Mileva: «Jetzt kommt er jeden Sonntag zu mir und jedesmal denken wir an unsere liebste Freundin. Albert möchte

Dich so gerne sehen, wie Dir das ‹Brüten›? bekommt. Wo ich ihm Deinen letzten Brief zeigte, war er ganz gerührt und sagte: so glücklich wollen wir auch werden» (Helene war in Erwartung).

Tatsächlich war das «Glück» näher als sie dachten. «Ich hab Dich gern, meine liebe Maid, und freu mich, bis wir uns Sonntag wiedersehen. Wir wollen wieder einen entzückenden gemütlichen Tag zusammen verleben. Auch mein Leben hier hat erst durch den Gedanken an Dich einen wahren Inhalt. Wenn nur die Gedanken ein bisserl Leben und Fleisch und Blut hätten! Wie schön war es letztes Mal, als ich Dein liebes Persönchen an mich drücken durfte, wie die Natur es gegeben, sei mir innigst dafür geküsst, Du liebe gute Seele!» So Einstein in seinem zweiten Brief von Winterthur aus. Und darauf Mileva: «Jetzt habe ich auch schon Dein zweites Brieferl erhalten und bin so glücklich, über alle Massen. Wie lieb Du bist, oh wie werde ich Dich busseln, ich kann das Ende der Woche gar nicht erwarten bis Du kommst ... Solltest Du am Samstag kommen, wirst Du vielleicht bei uns schlafen können, da Eine am Freitag verreist, ich werde Frl. Engelbrecht bitten; sie tut es mir schon, wenn es geht. Bis dahin will ich nun recht fleissig sein, um mich dann ganz frei mit Dir freuen zu können – Gotterl, wie wird da die Welt schön aussehen bis ich Dein Weiberl bin; Du wirst sehen, es wird kein glücklicheres Weibchen geben auf der ganzen Welt und dann muss das Manderl auch so sein. Leb wohl mein süsses Schatzerl und komm recht lustig Ende Woche zu Deinem Weiberl.» Bald darauf stellte sich heraus, dass Mileva schwanger war. Zum ersten Mal ist davon in einem Brief Einsteins die Rede, den er vermutlich am 28. Mai schrieb, an einem Dienstag, d. h. unmittelbar nach einem Zusammensein über das Wochenende. Er weist auch wieder die typische Verbindung von Wissenschaft und Liebe auf: «Eben las ich eine wunderschöne Abhandlung von Lenard über die Erzeugung von Kathodenstrahlen durch ultraviolettes Licht. Im Eindruck dieses schönen Stücks bin ich von solchem Glück erfüllt und solcher Lust, dass Du auch unbedingt etwas davon haben musst. Sei nur guten Mutes, Liebe, und mach Dir keine Grillen. Ich verlasse Dich ja nicht und werde schon alles zum guten Ende bringen ... Wirst schon sehen, dass man nicht schlecht ruht in meinen Armen, wenns auch ein bisserl dumm anfängt. Wie gehts Dir denn, Liebe? Was macht der Junge? Meinst, wie schön es sein wird, wenn wir wieder ganz ungestört zusammen schaffen können, und uns niemand mehr was dreinreden darf!» Einstein war von Anfang an überzeugt, das Kinde werde ein Knabe sein. Er sollte sich irren.

Nun lastete ein dreifacher Druck auf Mileva: die Unzufriedenheit ihrer Eltern, das bevorstehende Examen und die in mehr als einer Hinsicht unzeitige Schwangerschaft. Aus dem wenigen, was wir über ihr Studium erfahren, lässt sich schliessen, dass ihre Beziehungen zu Weber recht gespannt waren. Einmal regt Einstein offenbar zu dessen Besänftigung an, eine seiner Veröffentlichungen in ihrer Diplomarbeit zu «gebrauchen ... wenn auch nur scheinbar». Ein andermal fragt er: «Wie gehts Dir denn Schätzchen mit Deinen Arbeiten? Läuft alles munter voran? Benimmt sich der alte Weber auch ordentlich dabei, oder hat er wieder ‹kritische Sätze› ?» Damit spielte er auf das Zerwürfnis zwischen Mileva und Professor Weber hin, das offenbar schon seit längerer Zeit bestand, hatte sie doch in ihrem Reisebericht an Helene Savic diesen wunden Punkt berührt: «Mit Weber habe ich schon ein paar Mal Streit gehabt, doch das sind wir ja schon gewöhnt.»

In dieser Situation fasste Einstein den «unwiderruflichen Entschluss», eine «wenn auch noch so ärmliche Stelle sofort» zu suchen: «Meine wissenschaftlichen Ziele und meine persönliche Eitelkeit werden mich nicht davon abhalten, die untergeordnetste Rolle zu übernehmen. Sobald ich eine solche erhalten habe, verheirate ich mich mit Dir und nehme Dich zu mir, ohne irgend jemand eher ein Wort davon zu schreiben, als bis alles erledigt ist. Dann aber kann niemand einen Stein auf Dein liebes Haupt werfen ... Du aber wirst als mein Weibchen ruhig Dein Köpfchen mir in den Schoss legen können und kein bischen Lieb und Treue zu bereuen haben, die Du mir zugewendet hast.» Dieser Brief beruhigt Mileva sehr. Zudem hatte ihre Schwester vorgeschlagen, Einstein beim nächsten Ferienaufenthalt nach Hause mitzunehmen, woraus Mileva auf bessere Laune ihrer «Alten» schloss.

Das zweite Diplomexamen fiel für Mileva im Endresultat genau gleich aus wie das erste ein Jahr zuvor. Die Noten waren jetzt ausgeglichener, aber sie kam über eine Vier im Durchschnitt nicht hinaus. «Wir sind ein schönes Pärchen», meinte sie in ihrem Brief an Einstein nach dem Examen. Einstein war wieder in Mettmenstetten bei seiner Mutter in den Ferien. Mileva hoffte auf eine Aussöhnung und entwickelte allerhand rührende Ideen wie seine Mutter besänftigt werden könnte. Sie selbst stand kurz vor der Abreise nach Hause: «Schreibe doch bald an meinen Alten, Schatzerl ... sie sollten schon ein Brieferl haben, bevor ich heimkomme. Schickst Du mir das Brieferl, damit ich auch sehe, was Du schreibst? Ich reise mit meiner Freundin Frl. Bućek. Die ahnt auch nicht, mit was für einem Gemisch von Gefühlen ich diese Reise betrete. Schreibe meinem Papa nur kurz, ich werde ihm dann die nötigen Notizen, und auch die unangenehmen, allmählig beibringen.» Auf der Karte der Einwohnerkontrolle der Stadt Zürich ist unter dem Datum des 8. Juli 1901 mit einem Stempel vermerkt: «Ohne Abmeldung fort.»

Über den Aufenthalt Milevas bei ihren Eltern ist nichts bekannt. Einstein erhielt auf den 15. September 1901 eine Stelle als Privatlehrer in Schaffhausen, wo er von diesem Zeitpunkt an auch wohnte. Sei es einfach, um Einstein wiederzusehen, sei es wegen eines ärgerlichen Briefes, den seine Eltern den ihrigen geschickt hatten und sie darin «derart beschimpften, dass es eine Schande war», fuhr Mileva im Oktober insgeheim nach Stein am Rhein und nahm dort Quartier im Hotel Steinerhof. So hatte sie die Möglichkeit, Einstein unbemerkt zu treffen. Aus den zwei Briefen von Mileva aus diesen Wochen erfährt man, dass Einstein inzwischen einen hoffnungsvollen Kontakt zu Alfred Kleiner, Professor für Physik an der Universität Zürich, aufgenommen hatte, indem er ihm zwei Arbeiten, darunter vermutlich seine bei Weber geschriebene Dissertation vorlegte. «Er soll sich nur recht zusammennehmen und was vernünftiges sagen», meinte Mileva dazu. Einmal erzählt sie Einstein von einem nicht abgeschickten Brief an ihre Freundin Helene: «Ich glaube, wir sagen [ihr] jetzt noch nichts vom Liserl [so nannte Mileva das von ihr erwartete Kind]; aber Du schreibst ihr auch hie und da ein paar Worte; wir müssen sie recht schön behandeln, sie soll uns doch zu was wichtigem helfen, aber hauptsächlich, weil sie so nett und lieb ist, und weil sie sich so damit freuen wird.» (Das dürfte ein Hinweis darauf sein, dass die Spuren des Liserls möglicherweise in Belgrad zu suchen sind.)

Aus den folgenden Monaten sind wieder bloss Briefe von Einstein vorhanden, so dass nur ein gelegentliches Echo auf diejenigen Milevas auch etwas über sie verlauten lässt: «Ich habe Dein liebes Bauchwehbrieferl bekommen, das Du so lieb warst, mir im Bett zu schreiben. Ich mach mir aber auch gar keine Sorgen, denn ich seh schon an Deiner guten Laune, dass das Übel nicht gross ist. Pfleg Dich nur gut und sei munter und freu Dich auf unser liebes Lieserl, das ich mir allerdings ganz im Geheimen, (so dass es das Doxerl nicht merkt), lieber als Hanserl vorstelle ... Das einzige, was noch zu lösen übrig wäre, das wär die Frage, wie wir unser Lieserl zu uns nehmen könnten; ich möchte nicht, dass wir es aus der Hand geben müssen. Frag einmal Deinen Papa, er ist ein erfahrener Mann und kennt die Welt besser als Dein verstrebter, unpraktischer Johonzel. Es soll doch nicht mit Kuhmilch gestopft werden, es könnt' ja dumm davon werden (die Deine müsste doch viel gehaltvoller sein, mein' ich, was denkst?!)» (12.12.1901).

Der nächste Brief ist wieder ein typisches Beispiel für das Gemisch von Übermut und Ernst in seiner Art.: «Ich möcht' Dich so gern bei mir haben, wenn Du auch eine recht ‹gspassige Gstalt› hast, wie Du mir nun schon zweimal geschrieben hast. Mach mir doch einmal eine Zeichnung davon, eine recht schöne! ... Ich arbeite eifrigst an einer Elektrodynamik bewegter Körper, welches eine kapitale Abhandlung zu werden verspricht. Ich habe Dir geschrieben, dass ich an der Richtigkeit der Ideen über die Relativbewegung zweifelte. Meine Bedenken beruhten jedoch lediglich auf einem simplen Rechenfehler. Ich glaube jetzt mehr als je daran ... Sag auch einen schönen Gruss an Deine Alte und sag ihr, dass ich mich jetzt schon auf die Prügel freue, durch welche sie mich einst auszeichnen will» (17.12.1901).

Zwei Tage später schickt er Mileva «schon wieder gute Nachrichten». Er ist nun ganz sicher, die Stelle am Patentamt in Bern zu bekommen: «Und Du wirst bald mein glückliches Weiberl, pass nur auf. Jetzt haben unsere Leiden ein Ende. Nun sehe ich erst, wie lieb ich Dich habe, da der arge Druck der Verhältnisse nicht mehr auf mir lastet! Gewiss wird alles bald entschieden sein. Jetzt darf ich bald mein Doxerl in den Arm schliessen und es vor aller Welt mein eigen nennen. Bald wirst Du wieder grad so meine ‹Studentin› als wie in Zürich. Freust' Dich?» Wiederum im nächsten Brief triumphiert er über seine Studienkameraden: «Siehst, Dein Johonzel hat zuerst seine Arbeit [Dissertation] fertig gehabt, trotzdem er ein geplagtes Tierchen ist. Bis Du mein liebes Weiberl bist, wollen wir recht eifrig zusammen wissenschaftlich arbeiten, dass wir keine alten Philistersleut werden, gellst. Meine Schwester kam mir so philiströs vor. Das darfst Du mir ja nie werden, es wär mir schrecklich. Du musst immer meine Hex bleiben und mein Gassenbub» (28.12.1901).

Vorderhand war seine Mileva allerdings eine hochschwangere und dann, nach der Geburt, eine kranke junge Frau: «Armes, liebes Schatzerl, was musst Du alles leiden, dass Du mir nicht einmal mehr selbst schreiben kannst! Und auch unser liebes Lieserl muss die Welt gleich von dieser Seite kennen lernen! Wenn Du nur wieder frisch und munter bist, bis mein Brieferl eintrifft. Ich bin vor Schreck fast umgefallen, wo ich Deines Vaters Brief erhielt, denn es ahnte mir schon was Schlimmes. Gegen so was sind alle äusseren Schicksale gar nichts. Sofort wollt ich 2 Jahre noch ... Hauslehrer sein, wenn Dich das gesund und glücklich machen könnte. Aber siehst, es ist wirklich ein Lieserl geworden, wie Du es wünschtest. Ist es auch gesund und schreit es schon gehörig? Was hat es denn für Augerl? Wem von uns sieht es mehr ähnlich? Wer gibt ihm denn das Milcherl? Hat es auch Hunger? Gellst und ein vollständiges Glatzerl hats. Ich hab es so lieb und kenns doch noch gar nicht! Könnt man es denn nicht photographieren, bis Du wieder ganz gesund bist? Kann es schon bald seine Augen nach etwas hinwenden? Jetzt kannst Beobachtungen machen. Ich möcht auch einmal selber ein Lieserl machen, es muss doch zu interessant sein! Es kann gewiss schon weinen, aber lachen lernt es erst viel später. Darin liegt eine tiefe Wahrheit. Wenn Du mir wieder ein bisserl zweg bist, dann musst es zeichnen!» (4.2.1902).

Diesen Brief schrieb Einstein in Bern. Er hatte Schaffhausen nach einer Auseinandersetzung mit dem Inhaber der Privatschule, für den er arbeitete, «mit Knalleffekt» verlassen und war gleich an den Ort gezogen, wo ihn ein erstes Amt und die ersten Ehejahre mit Mileva erwarteten.

Vom Lieserl erfährt man nichts mehr. Seine Existenz hat sich bisher in keinem amtlichen Register nachweisen lassen, weder seine Geburt, noch sein Tod.

Bern

Der Vater von Marcel Grossmann hatte sich sehr darum bemüht, für den Kollegen seines Sohnes eine Anstellung zu finden, und so wurde Albert Einstein am 16. Juni 1902 auf seine Verwendung hin technischer Sachverständiger III. Klasse im Eidgenössischen Amt für geistiges Eigentum (Patentamt) in Bern.

In dieser Tätigkeit fand er sich bald zurecht. Klar und logisch beschrieb er die zum Patent angemeldeten Erfindungen, stellte das Wesentliche darin kurz und bündig dar. Die Bezahlung war gut, und – was die Hauptsache war – es blieb ihm genug Zeit für seine Forschungen. Dabei war die Stelle dauernd gesichert. Er war zufrieden, nannte seine Stelle ein «weltliches Kloster» und seine Berufstätigkeit «Schusterarbeit».

Mileva war entschlossen, ihn zu heiraten, sobald eines von ihnen eine Anstellung hätte, die sie beiderseits von der elterlichen Hilfe unabhängig machen würde. Denn beide Familien waren gegen diese Ehe. Doch während die ihrige sich später, wenn auch schweren Herzens, damit aussöhnte, wollte die seinige von dieser Ehe nie etwas wissen.

Albert rief Mileva nach Bern, und am 6. Januar 1903 wurden sie im Zivilstandsamt Altstadt bürgerlich getraut. Trauzeugen waren zwei gemeinsame Freunde: Konrad Habicht und Maurice Solovine.

Albert Einstein

Mileva Marić

beehren sich Ihnen ihre am 6. Januar 1903 stattfindende Vermählung anzuzeigen.

Bern, Tillierstrasse 18.

Mileva richtete ihr Heim nach eigenem Geschmack ein; ein wenig «Bohème», aber voll Geborgenheit. Das war an der Archivstrasse 8, in einer Mansarde mit herrlicher Aussicht auf das Berner Oberland und die Aare. Das Glück schien alle Schleusen geöffnet zu haben. Sie war die heiterste, gastfreundlichste Hausfrau, der alle willkommen waren, die sich für die Interessen der beiden Einstein interessierten. Dieses Glück sollte sie für alle künftigen Leiden entschädigen ... Da war auch eine grosse Holzterrasse da, so typisch für die alten Berner Häuser, mit einer runden gedeckten Laube, wo es sich im Frühling so schön ruhig arbeiten liess. Mit den Freunden gemeinsam genoss man die herrliche Aussicht.

Im Sommer übersiedelten sie in die Kramgasse 49, die schönste in Bern, die schon Goethe gelobt hatte. Sie wohnten im zweiten Stock. Das wurde ein Stelldichein auserwählter Geister, die einander herzlich zugetan waren und sich der gemeinsam gewonnenen Erkenntnisse freuten. Es ging ganz schlicht zu. Mileva bereitete einen einfachen Imbiss. Paul Habicht, Konrads Bruder, hatte gelernt, schwarzen Kaffee auf türkische Art zu bereiten, und dazu war er fortan verpflichtet, um die Gesellschaft bis tief in die Nacht munter zu halten. Regelmässig kamen die Brüder Habicht, Maurice Solovine und der Ingenieur Angelo Besso mit seiner Frau. Bei diesen regelmässigen Zusammenkünften wurde viel gelesen: Ernst Machs Mechanik, J. St. Milles System der Logik, David Humes Traktat über die menschliche Natur, Platons Dialoge, Henri Poincarés «Wissenschaft und Hypothese», Richard Dedekinds «Was sind und was sollen die Zahlen», die Vorträge und Reden von Helmholtz, Spinozas Ethik, Karl Pearsons Grammatik der Wissenschaften, Schopenhauer, Heine. Man lernte daraus, man diskutierte. Oft ging man nachher noch ein wenig spazieren in der stillen Berner Nacht und setzte manche Erörterungen fort. Mileva legte, zusammen mit Einstein, besonders Gewicht auf Humes Frage, ob das Ich auch ausser seiner selbst eine Substanz habe oder nicht. Darüber führten beide oft lange, tiefschürfende Erörterungen. Diese Gesellschaft nannten sie «Academia Olympia». In einem Brief an Solovine, 25. November 1948, sagt Einstein:

Papiere und nachdem dieselben einzeln angefragt worden, ob sie sich zur Ehefrau und zum Ehemann nehmen wollen, hat der unterzeichnete Civilstandsbeamte auf ihre bejahende Antwort die Ehe im Namen des Gesetzes als geschlossen erklärt.

Abgegebene Papiere:	Unterschriften der Ehegatten:

Albert Einstein

Mileva Einstein geb. Marity

Unterschriften der Zeugen:

Conrad Habicht, Wyterstr. 10

Maurice Solovine, Spitalackerstr. 57

Der Civilstandsbeamte:

Das Eheprotokoll von Albert und Mileva Einstein mit den Unterschriften der Trauzeugen

«Es war doch wirklich eine schöne Zeit, damals in Bern, als wir so in unserer lustigen ‹Academie› studierten, die eigentlich weniger kindisch war als jene ehrwürdigen Akademien, die ich später aus der Nähe kennen lernte.»

Mileva gewöhnte sich, neben der Mathematik und der gemeinsamen Arbeit mit Einstein, auch sämtliche Hausfrauenpflichten zu erfüllen. Sie war tüchtig in allem was sie zu leisten hatte, ermüdete aber wegen ihres Gebrechens leicht.

Gemeinsam mit Paul Habicht begann sie an der Konstruktion einer Influenzmaschine zur Messung kleiner elektrischer Spannungen mittels Multiplikation zu arbeiten. Das dauerte lange, nicht nur weil sie so viel zu tun hatte, sondern hauptsächlich wegen der Gründlichkeit, mit der sie alle Möglichkeiten einer Vervollkommung erwog. Wir wissen, dass sie sich bereits in Zürich durch praktisch-wissenschaftliche Arbeiten im physikalischen Laboratorium ausgezeichnet hatte. Als beide zufrieden waren, überliessen sie es Albert, diesen Apparat als Patentfachmann zu beschreiben. In der «Physikalischen Zeitschrift» (Nr. 7, 1. April 1908) gibt Einstein unter Hinweis auf seinen 1907 in den «Annalen der Physik» erschienenen Artikel «Eine neue elektrostatische Methode zur Messung kleiner Elektrizitätsmengen» eine eingehende Beschreibung dieser Methode, mittels der die Maschine sehr kleine elektrische Spannungen bis auf etwa 0,0005 Volt herunter messen kann. Der Artikel wurde am 13. Februar 1908 geschrieben und am 15. Februar in Druck gegeben. Schon vorher war dieser Apparat zum Patentieren vorgelegt worden, unter dem Namen Einstein-Habicht (Patent Nr. 35693).

Einer von den Brüdern Habicht fragte Mileva, warum sie im Patentgesuch nicht ihren eigenen Namen angegeben habe. «Wozu?», antwortete sie, «wir sind ja beide nur Ein Stein.» Da gab auch Paul Habicht nur seinen Familiennamen an.

Mileva und Albert arbeiteten sehr intensiv. Sie wirkte kräftig auf ihn ein, damit er sich ganz der Arbeit hingebe, denn nach seinem eigenen Geständnis hatte er von sich aus nie richtige Arbeitsgewohnheiten entwickelt. Diese wurden ihm von Mileva beigebracht, indem sie Tag und Nacht neben ihm sass und ihn durch ihre unermüdliche Energie anfeuerte. So wurde das auch bei ihm zur zweiten Natur, die ihm fürs ganze

83

Leben blieb. Dafür hatte seine spätere Umgebung gar keinen Sinn, vermochte Schaffensfreude nicht von langweiliger und ermüdender Arbeit zu unterscheiden.

Seiner eigenen Natur nach war er unentschieden, schwankend, zum Zweifel geneigt, nie im reinen mit sich selbst, was er eigentlich wünschte und wollte. Eines schönen Tages hatte er mit Mileva über einen Ausflug gesprochen. Zufällig kam Marcel Grossmann und schlug ihm vor, ein Konzert zu besuchen. Er willigte begeistert ein. Als aber Mileva wieder ins Zimmer trat, ohne davon etwas zu wissen, sagte er: «Ja freilich, wir machen einen Ausflug.»

Schrecklich niedergeschlagen war er, als er militärdienstuntauglich erklärt wurde. Mileva konnte sich vor Staunen nicht fassen. Er hatte doch das Militär stets verachtet, es wurde ihm übel, wenn er Truppen sah. Er sagte: «Wenn jemand ein Vergnügen darin finden kann, in Reih und Glied zu marschieren, dann hat er sein Gehirn durch ein Versehen bekommen, ihm würde das Rückenmark genügen.» Und nun verzweifelte er, weil er nicht Soldat werden konnte!

Er hatte auch Krisen, in denen er weder an sich noch an seine Fähigkeiten glaubte, während Mileva nie daran zweifelte. Als die schon erwähnte Margarete von Uexküll, später Gattin des holländischen Arztes und Ethnologen Anton Wilhelm Nieuwenhuis einmal bemerkte, Einsteins physikalische Ansichten schienen ihr sehr phantastisch, erwiderte ihr Mileva: «Aber er kann sie doch beweisen!»

Während sie gemeinsam an der epochalen Relativitätstheorie arbeiteten, erweiterten sie im Freundeskreis ihre allgemeine Bildung und erarbeiteten sich eine reife philosophische Weltanschauung. Mileva liebte heitere freundschaftliche Intimität, doch konnte sie unreinen Doppelsinn und Frivolität nicht leiden, und Albert machte absichtlich solche Witze. Dann pflegte sie empört auszurufen «Albert!». Er brach seine Witzeleien zwar ab, doch machte er sich über ihre Prüderie mit seinem anstekkenden Lachen, von dem seine Gesellschaft begeistert war, lustig. Es machte ihm auch Vergnügen, sie durch Zweifel an der Richtigkeit ihrer mathematischen Behauptungen zu ärgern. Sie blieb unerschütterlich, wurde rot und stampfte mit dem Fusse, indem sie ihre mathematische Überzeugung verteidigte. Das gefiel ihm sehr, und er

84

Mileva und Albert Einstein auf der Veranda in Bern

sagte: «Ich bewundere jeden, der seinen Glauben so hartnäckig zu verteidigen vermag.»

Die Ehe dieser beiden so verschiedenen, hochbegabten Menschen war damals sehr glücklich. Sie war glücklich mit ihm – zufrieden, für ihn und um ihn arbeiten zu können. Die ganze Last des Alltags trug sie; er konnte sich seinem Schaffen widmen, und sie half ihm dabei nicht nur durch ihr Wissen, sondern ebenso durch ihren Glauben an ihn, durch ihre anregende Energie. Sie war selig, dass er sie dieser Eigenschaften wegen, die sie von anderen Frauen unterschieden, schätzte und liebte. Sie ermöglichte ihm ein ruhiges, sorgenfreies, geordnetes Leben. Kongeniale Seiten ihres Wesens riefen harmonische Resonanzen hervor.

Und trotz ihres körperlichen Gebrechens, das ihr sehr beschwerlich war, machte sie neben der wissenschaftlichen Arbeit alle Haushaltgeschäfte ohne jede Hilfe.

An Konrad Habicht, der Gymnasiallehrer für Mathematik und Physik geworden war, schreibt er am 14. April 1904 nach Schaffhausen: «He, ihr armseligen Faulpelze! Warum geht nichts vorwärts? Hier sind zwei alte Mitglieder der «Akademie», die träumen von einer ausserordentlichen Sitzung. Also Kopf hoch, du faules Mitglied … mit Freuden werden wir euch in der Kramgasse 49, 2. Stock erwarten. In einigen Wochen kriegen wir Nachwuchs!» Etwa gleichzeitig schickt er seinem grossen Freund Marcel Grossmann eine undatierte Karte aus Bern: «Zwischen uns besteht eine seltsame Ähnlichkeit. Auch wir bekommen nächsten Monat Nachwuchs. Du bekommst von mir auch eine Arbeit, die ich vor einer Woche an Wiedemann für seine Annalen schickte. Du arbeitest an einer Geometrie ohne Parallelenaxiom und ich an Atomwärme ohne kinetische Hypothese …»

Aufgeregt erwartete das Ehepaar sein erstes Kind. Sie waren begeistert, als am 14. Mai 1904 Hans Albert geboren wurde. Jetzt hatte Mileva noch mehr zu tun und zu sorgen, doch Albert half ihr, soviel er konnte und führte stolz sein Söhnlein im Kinderwägelchen durch die Strassen von Bern. Mileva achtete auf strenge Tagesordnung in Ernährung und Pflege des Kleinen. Sauber, satt und gesund, störte er seine Eltern nicht, wenn sie ihre gemeinsame wissenschaftliche Arbeit fortsetzten.

Während einer ganzen Periode seines Lebens, vom Studienbeginn 1896 bis zum Juli 1914 war sie ihm ständig nahe – in der Arbeit, in den gemeinsamen Interessen und im Ringen um Probleme in einer Zeit, die sich in den Annalen der Weltgeschichte und der Weltanschauung eingeschrieben hat. Sie war Zeuge der wissenschaftlichen Revolution der Physik und leistete in ihr ihren mathematischen Beitrag neben der Inspiration und der Schaffung idealer Voraussetzungen für die Verwirklichung neuer Ideen. Sie war ihm nahe, als er verkannt und unverstanden war, aber ihr Glaube und ihr Halt ihn in einer völlig hoffnungslosen Situation aufrechterhielten. Ihm, seinem Erfolg, diente sie mit ihrem eigenen, unbestreitbaren grossen Talent; die Ambitionen, die sie aus ihrem Vaterland mitgebracht hatte, und die nicht gering waren, opferte sie seinem Ruhm; sie selbst blieb die unbekannte Randfigur dieses Erfolgs, dem sie alles was ein Leben bedeutet, geopfert hatte.

«Mileva glaubt an meine Fähigkeiten, glaubt, dass ich die Wahrheiten in den Vorgängen der Natur zu erkennen vermag, ungeachtet der darüber bestehenden Irrlehren. Sie hat als erste meine Aufmerksamkeit auf die Bedeutung des im Weltall vermuteten Äthers gelenkt», sagte Einstein zu Miloš Marić, dem Bruder von Mileva. Die beiden Männer verstanden sich sehr gut und befreundeten sich, als Miloš nach einem kurzen Aufenthalt in Paris zur Fortsetzung eines Medizinstudiums nach Bern kam, von wo aus er im Sommer 1905 ein Semester an der Universität Zürich anschloss. Miloš war in seiner Freizeit Milevas unschätzbarer Helfer und ermöglichte ihr, sich ganz der Arbeit an den Nachprüfungen der Arbeiten Alberts widmen zu können. Bis in die Nacht hinein diskutierten die drei über die darin behandelten Probleme. Miloš war in Mathematik gut beschlagen und interessierte sich sehr für ihre weitere Entwicklung.

Milevas Anstrengungen trugen reiche Frucht für beide: 1905 erschienen in den «Leipziger Annalen der Physik», einem wissenschaftlichen Organ höchsten Ranges, fünf Arbeiten von ihnen, die ihm Weltruhm brachten und Milvea unendlich beglückten. Das waren:

1. Seine Doktordissertation «Eine neue Bestimmung der Moleküldimensionen» (21 Seiten);

2. «Einen die Erzeugung und Verwandlung des Lichtes betreffenden heuristischen Gesichtspunkt», wo die Entstehung des Lichtes durch Lichtquanten erklärt wird. Das hier aufgestellte photoelektrische Gesetz, das erst später experimentell bewiesen wurde, trug Einstein 1921 den Nobelpreis ein «für Leistungen auf dem Gebiete theoretischen Physik, besonders für die Entdeckung des Gesetzes der photoelektrischen Wirkung.» Diese Arbeit ist datiert: Bern, 17. März 1905, als Hans Albert noch kein volles Jahr zählte;

3. «Die von der molekularkinetischen Theorie der Wärme geforderte Bewegung von in ruhenden Flüssigkeiten suspendierten Teilchen;»

4. «Elektrodynamik bewegter Körper.» Dieses nur 30 Seiten umfassende Werk, dessen Manuskript verschwunden, vielleicht vernichtet ist, enthält die Spezielle Relativitätstheorie;

5. «Ist die Trägheit eines Körpers von seinem Energieinhalt abhängig?»

Alle diese Arbeiten wurden teils 1905, teils vorher abgeschlossen. Das war das Höchste, wozu es menschlicher Intellekt bei grösster Anstrengung und grösstem Fleiss in so kurzer Zeit bringen konnte. Nur die erste und dritte waren noch in Zürich entstanden. In Bern erlebten die beiden die fruchtbarste Zeit des gemeinsamen Schaffens.

Alles was Albert später schuf, entsprang dem unter Milevas unmittelbarer Mitarbeit Geleisteten, das sich nachher in längeren Zeitabschnitten entwickelte. Sein Freund Reichenstein stellt, ohne die Gründe zu untersuchen, einfach fest: «Es ist merkwürdig, wie fruchtbar eine kurze Zeit seines Lebens war.»

Es ist ungeheuer schade, dass die Manuskripte und sämtliche Notizen zu dieser Arbeit verschwunden sind. Darüber schreibt die New Yorker «Times» 15.2.1944: «Er vernichtete das Original, nachdem die Theorie 1905 veröffentlicht wurde. Eine Belohnung von 11 500 000 Dollar wurde ausgeschrieben für den, der die Urschrift in die «Library of Congress» in Washington brächte.» So ist es unmöglich geworden, unmittelbar nachzuweisen, wieviel vom Ganzen jedem von den beiden zukommt.

Peter Michelmore, der viele Angaben von Albert Einstein hatte, bemerkt: «Mileva half ihm bei der Lösung gewisser mathematischer Probleme.»

In seiner Arbeit war sie nicht Mitschöpferin seiner Ideen, wie auch kein anderer es hätte sein können, doch prüfte sie alle seine Ideen nach, erörterte sie mit ihm und gab seinen Vorstellungen über die Erweiterung der Quantentheorie von Max Planck und über die Spezielle Relativitätstheorie den mathematischen Ausdruck.

Während der Arbeit an diesem seinem bedeutsamsten Werk war er heftig bewegt, und die Erregung wuchs mit dem Fortschreiten der Arbeit. Die Niederschrift dieser Gedanken dauerte fünf Wochen. Mileva kontrollierte und prüfte immer wieder alles nach, und schliesslich sagte sie ihm:

«Das ist ein grosses, sehr grosses und schönes Werk.» Daraufhin schickte Albert Einstein das Manuskript der Redaktion der «Annalen der Physik» in Leipzig.

Er fühlte sich ganz erschöpft und musste sich zu Bett legen. «Soll ich den Arzt rufen?» fragte Mileva besorgt. «Nein, ich werde schon wieder zu mir kommen.»

Mileva und Albert Einstein im Weingarten in Kać

«Aber du bist krank!» «Nein, nur erschöpft, nur erschöpft», erklärte er und beruhigte sich. So verbrachte er volle vierzehn Tage. Dann kehrte er wieder in die Welt zurück und zu seiner gewohnten Tätigkeit im Patentamt.

Carl Seelig berichtet, der grosse Mathematiker Hermann Minkowski (1864–1909), Einsteins einstiger Lehrer, der ihn gut kannte und sein Freund war, habe, als Einsteins Arbeit erschien, zu Max Born, dem späteren Atomforscher, gesagt: «Das war für mich eine grosse Überraschung, denn Einstein war ein grosser Faulpelz, und für Mathematik interessierte er sich überhaupt nicht.»

Doch sein alter ego Mileva hatte sich umso mehr dafür interessiert. Sie war der erste Mensch, der Sinn und Bedeutung seiner Ideen erfasste. Sie konnte mit voller Überzeugung jener Margarete von Uexküll sagen, alles was er behaupte, könne er auch beweisen, hatte sie doch die ganzen Beweise selber durchgeführt. «Sie war mit ihm in Bern und half ihm, als er sich beim Licht der Petrolenlampe so hart mit der Relativitätstheorie abquälte», sagt Michelmore.

Nachdem er sich erholt hatte, schlug Mileva einen Besuch bei ihren Eltern in Novi Sad und Erholung in Kać vor, auf dem Gutshof, wo sie ihre Kindheit verlebt hatte. So gingen sie im Sommer auf Reisen, mit dem 14monatigen Hans Albert. Unterwegs besuchten sie ihre Zürcher Freunde, dann weilten sie einen Tag in Belgrad, wo ihre Freundinnen aus der Pension Engelbrecht lebten: Adolfine Kaufler als Frau des Biologieprofessors Nedeljko Košanin (1874–1934), Milana Bota, verheiratet mit dem Arzt und Schriftsteller Dr. Svetislav Stefanović (1874–1944) und Helene Kaufler als Frau des schon erwähnten Ingenieurs Milivoje Savić, der als Student in Zürich mit Albert gewohnt hatte. Der Empfang war äusserst herzlich. Man spazierte auf dem Kalemegdan; Einstein war von der Lage der Stadt bezaubert. Darauf verbrachten sie eine Woche im Dorf Kijevo bei Rakovica in der Nähe von Belgrad. Die damals noch kleine Zora Savić (spätere Karakašević) erinnert sich, dass es dort an einem später ausgetrockneten kleinen See ein Hotel gab. Kijevo war damals ein beliebter Ausflugsort für die Belgrader. Nach dieser Ruhepause bei Freunden kam die Familie Einstein nach Novi Sad, wo sie von Milevas Familie festlich empfangen wurde. Auch alle übrigen Verwandten und Bekannten wollten Mileva begrüssen und ihr Kind und ihren Mann sehen. Albert benahm sich ganz ungezwungen und trug sein Söhnchen auf den Schultern durch die Strassen von Novi Sad. An den lebhaften Gesprächen mit dem Schwiegersohn konnte Milevas Mutter nicht recht teilnehmen, weil sie nur serbisch sprach. Doch Mileva war überglücklich über die Herzlichkeit, mit der ihre Familie Albert empfangen hatte. Einmal sagte sie im Gespräch mit ihrem Vater: «Vor kurzem haben wir ein sehr bedeutendes Werk vollendet, das meinen Mann weltberühmt machen wird.» Diesem Gespräch wohnte unter anderem auch ihre Verwandte Desana Tapaverica bei, die Frau des Bürgermeisters von Novi Sad, Dr. Bala, und erzählte später vielen davon. Schon vorher hatte Mileva ihr mit grosser Freude von allen Erfolgen in ihrer Arbeit geschrieben.

Milevas Bruder Miloš war damals Medizinstudent in Klausenburg (Siebenbürgen). Auch er war ungewöhnlich begabt, dabei von vornehmer Natur, gemessen und freundlich. Er wurde oft von Kameraden besucht, lauter jungen Intellektuellen. Bei einer solchen Gelegenheit war auch Albert dabei, und als die Rede auf Frauen kam, sagte er: «Ich brauche meine Frau. Sie löst für mich alle mathematischen Probleme,» was Mileva bestätigte. In lebhafter Erinnerung an dieses Gespräch schrieb Dr. Ljubomir-Bata Dumić:

«Wir sahen zu Mileva wie zu einer Gottheit empor, so sehr imponierte uns ihr mathematisches Wissen und ihre Genialität. Einfachere mathematische Probleme löste sie sofort im Kopf, und wozu tüchtige Fachmänner mehrerer Wochen bedurft hätten, das brachte sie in zwei Tagen fertig. Und immer fand sie einen originellen, eigenen Weg, den kürzesten. Wir wussten, dass sie ihn (Albert) aufgebaut hatte, dass sie der Schöpfer seines Ruhmes war. Sie löste für ihn alle mathematischen Probleme, besonders was die Relativitätstheorie betrifft. Es war einfach verblüffend, was für ein glänzender Mathematiker sie war.»

Der Journalist Miša Sretenović veröffentlichte in der Belgrader «Politika» am 23. Mai 1929 ein Interview mit Milana Bota-Stefanović, Milevas intimster Freundin in Zürich, die ihm sagte:

«Mitza wäre am besten autorisiert, über die Entstehung seiner (Einsteins) Theorie zu berichten, denn sie arbeitete an ihr mit: vor fünf bis sechs Jahren sprach sie mir davon, doch schmerzlich; vielleicht fiel es ihr schwer, sich ihrer schönsten Stunden zu erinnern, vielleicht wollte sie auch dem grossen Ansehen ihres einstigen Mannes nichts anhaben.»

Denkwürdig ist auch, was Milevas Vater seinem Sohn und dessen Freunden erzählte. Als er Tochter und Schwiegersohn zum erstenmal in der Schweiz besuchte, hatte er ein Sparheft mit 100 000 Kronen (etwas mehr als 100 000 Franken) mitgenommen, um es ihnen zu schenken, denn er wusste, dass ihre materielle Lage nicht glänzend war und dass Mileva Albert unterstützt hatte. Doch Albert lehnte das Geschenk nach einem anderen Bericht von Sretenović mit folgenden Worten ab: «Ich habe Ihre Tochter nicht des Geldes wegen geheiratet, sondern weil ich sie liebe, weil sie mir nötig ist, weil wir beide eins sind. Alles was ich geschaffen und erreicht habe, habe ich Mileva zu danken. Sie ist mein genialer Inspirator, mein Schutzengel gegen Versündigungen im Leben und noch mehr in der Wissenschaft. Ohne sie hätte ich mein Werk nie begonnen, noch vollendet.»

Mileva war mit der Ablehnung des grossen Geschenkes vollständig einverstanden. Doch ihr Vater weinte, als er den jungen Leuten davon erzählte, er war tief verletzt, obwohl er Alberts Haltung bewunderte; denn er selbst schätzte das Geld.

Während ihres Aufenthaltes in der Heimat besuchte Mileva mit Albert auch Titel und die Familie ihrer Mutter. Da gerade ein naher Verwandter ihrer Mutter damals in Vilovo heiratete, gingen beide auf die Hochzeit. Albert interessierte sich sehr für die Hochzeitsbräuche und staunte über die Fülle von Speisen und Getränken. Er war sonst abstinent, doch in der allgemeinen Fröhlichkeit trank auch er etwas Wein. Sein ganzes Leben lang erinnerte er sich an diese Hochzeit, besonders an die reich geschmückten Pferde, denn das waren ihm die liebsten von allen Tieren. Seine zwanglose Gutmütigkeit und sein gutmütiges Lachen, Dinge, die in der Vojvodina so sehr geschätzt werden, eroberten alle Anwesenden, und sie nannten ihn «unser Schwiegersohn».

Als sie nach zwei Jahren wieder nach Novi Sad kamen, war Einstein Privatdozent an der Universität Bern, bekannt und berühmt. Die Intellektuellen von Novi Sad wussten von seiner Bedeutung und betrachteten ihn mit Hochachtung, aber auch als einen Sonderling mit langem, zerzaustem Haar, der sein Söhnchen fröhlich auf seinen Schultern durch die Strassen trug. Das verwirrte die Neusätzer ein wenig, die an altväterische Ordnung und Höflichkeit gewohnt waren. Man nannte ihn den «närrischen Marić-Schwiegersohn». Die Studenten jedoch pflegten seinen Tisch im Kaffeehaus «Zur Königin Elisabeth» zu umlagern. Viele von ihnen kannten seine Arbeiten und betrachteten sie als das Ergebnis der gemeinsamen Arbeit von Albert und Mileva. Sie waren alle Abstinenzler, wussten jedoch nicht, wie er es damit hielt. Da sagte er ihnen im Laufe eines Gesprächs: «Ich glaube weder den Ärzten mehr, noch der Medizin, noch sonst an Antialkoholismus. Der Serbe trinkt von der Geburt bis zum Grabe, während des Wachstums, auf Reisen, bei Hochzeiten und Begräbnissen, und doch sind die Serben eine geniale Nation. So schätze ich sie nach meiner Frau.» «Wir waren verblüfft», erzählt Dr. Dumić, der an diesem Gespräch teilnahm, ‹und der Erfolg war, dass wir zu trinken und zu rauchen begannen.›

Das am 30. Juni 1905 den «Annalen der Physik» zum Druck übergebene Manuskript erschien am folgenden 26. September (Band 17 Nr. 10, 891–921). So rein, so unglaublich schlicht und elegant in ihrem mathematischen Ausdruck, ist diese Arbeit die grösste Errungenschaft im revolutionären Fortschritt der Physik der Jahrhundertwende.

Auch heute kann man sich beim Lesen dieser vergilbten, vor bald achtzig Jahren gedruckten Blätter nicht des Gefühls der Ehrfurcht erwehren, und wir können nicht umhin, stolz darauf zu sein, dass an ihrem Entstehen und an ihrer Redaktion unsere grosse Serbin Mileva Marić beteiligt war. In diesen Zeilen lebt ihr Geist. Die Einfachheit der aufgestellten Gleichungen weist fast unzweifelhaft ihren Stil auf, der ihr in Mathematik und Leben gleichermassen eignete. Ihr Weg war stets frei von unnötigen Komplikationen und Pathos.

Der Artikel schliesst mit folgenden Worten: «Zum Schluss bemerkte ich, dass mir beim Arbeiten an dem hier behandelten Problem mein Freund und Kollege M. Besso treu zur Seite stand und dass ich demselben manche wertvolle Anregung verdanke». Besso kommentierte später diesen Dank selbstironisch damit, Einstein, der Adler, habe Besso, den Spatz, unter seinen Flügeln in die Höhe mitgenommen. Dort sei dann der Spatz noch ein wenig weiter in die Höhe geflattert.

Es muss erwähnt werden, dass Henri Poincaré schon vor Einstein dieses ganze Problem auf andere Art gelöst hatte. Da die Nachprüfung damals sehr schwer war, veröffentlichte er seine Lösung nicht. Dasselbe gilt für seine thermodynamische Theorie. Poincaré meinte, es sei bis dahin noch nicht gelungen, die Gesetze des Wärmegleichgewichts, insbesondere das zweite Gesetz der Thermodynamik, allein anhand der Gleichungen der Mechanik und der Wahrscheinlichkeitsrechnung abzuleiten, obwohl Maxwell und Boltzmann in ihren Theorien diesem Ziel schon nahe gekommen waren. Er wusste nicht, dass sich schon 1901 der amerikanische Physiker Josiah Willard Gibbs (1839–1903) mit dem gleichen Problem beschäftigt und es auf eine etwas andere Art gelöst hatte.

Die beiden Einstein leiteten mit ausserordentlichem Scharfsinn aus den allgemeinen Gleichungen der Mechanik die Bedingungen des Gleichgewichts für ein System aus willkürlich angeordneten Molekülen ab. Es geschieht oft, dass, wenn die Zeit reif ist, dieselben Entdeckungen an verschiedenen Orten unabhängig voneinander gemacht werden; dadurch wird aber das Verdienst keines einzigen dieser Entdecker gemindert.

Für die Spezielle Relativitätstheorie erhielt Einstein von der Royal Society of London eine goldene Medaille, wofür er folgendermassen dankte:

«Wer einen Gedanken findet, der ihm gestattet, etwas tiefer in das ewige Geheimnis der Natur zu blicken, dem widerfährt eine grosse Gnade. Wenn er ausserdem noch Anerkennung, Sympathie und Verständnis der Besten seiner Zeit erringt, wird ihm fast mehr Glück zuteil, als ein Mensch ertragen kann.»

Viele Wissenschafter erfassten sofort die Bedeutung des Einsteinschen Werkes, und bald wurde er berühmt. Sie sahen das Revolutionäre der neuen Erklärungen physikalischer Phänomene und erkannten deren Bedeutung für die Entwicklung der Wissenschaft und der Weltanschauung. Albert Einstein ist heute ein grosser Name. G.B. Shaw sagt, es habe bisher nur acht in ihrer Bedeutung für die Menschheit grosse Männer gegeben: Pythagoras, Ptolomäos, Aristoteles, Kopernik, Galilei, Kepler, Newton und Einstein.

Der hervorragende russische Physiker, Direktor des Physikalisch-technischen, später des Instituts für Halbleiter an der Akademie der Wissenschaften der UdSSR in Leningrad, Abraham F. Joffe (1880–1960), machte in seinen «Erinnerungen an Albert Einstein» darauf aufmerksam, dass die drei epochemachenden Artikel Einsteins im Band XVII der «Annalen der Physik» von 1905 im Original mit «Einstein-Marić» gezeichnet waren. Joffe hatte die Originale als Assistent von Röntgen gesehen, der dem Kuratorium der «Annalen» angehörte, das die bei der Redaktion eingereichten Beiträge zu begutachten hatte. Zu dieser Arbeit zog Röngten seinen summa cum laude-Schüler Joffe bei, der auf diese Weise die heute nicht mehr greifbaren Manuskripte zu Gesicht bekam.

Einstein arbeitete unermüdlich, meist in Gesellschaft oder doch in enger Beratung mit jemandem. Er gehörte zu denen, die ihre Ideen anderen mitteilen, um deren Urteil zu hören und so das Problem von allen Seiten zu beleuchten. Er leistete auch nach 1905 viel, sehr viel, und auch in Gemeinschaften, doch übertraf er nie das 1905 und vorher während der Zeit Geschaffene, da er im gleichen Schwung des Verstandes und des Gemüts mit Mileva arbeitete.

Mileva war, wie ihr Mann sagte, «eine sehr seltsame Frau». Man kann sie keinem Typus einfügen, denn nichts Typisches sticht in ihr hervor. Auch brach ihr Innenleben als solches nie recht durch. Sie drückte ihre Gefühle und Gedanken nicht aus. Während der Zusammenkünfte ihrer «Olympia-Akademie» nahm Mileva an heftigen Debatten nicht teil. «Mileva, intelligente et réservée, nous écoutait attentivement, mais n'intervenait jamais dans nos discussions» (Maurice Solovine). Bei allem Ernst in den Beschäftigungen dieser Gruppe gab es da doch erholsame Stunden mit aller-hand Allotria oder: die der Entspannung dienten. Mileva machte dabei nur bis zu gewissen Grenzen mit; sie fand Vergnügen daran, aber auf ihre eigene Art, ohne viel Worte und Lärm. Ihre Persönlichkeit blieb stets irgendwo im Hintergrund; ihre Tätigkeit fügte sich dem gerade aktuellen Thema ein. Nur mit ihrem Mann redete sie über alles; aber von sich selbst auch mit ihm nicht. Er hatte eigentlich kein tieferes Interesse für ihr Innenleben, nicht einmal während der Berner Zeit. Sie schien ihm seltsam, weil er davon so wenig wusste. Vom Beginn seiner Studien bis zur Prager Zeit war sie ihm ein unumgänglich notwendiger Mitarbeiter; später interessierte er sich wenig für sie und auch für die Kinder nicht.

Jedoch alles was sie mit so viel Anstrengung leistete, scheint geradezu absichtlich, jedenfalls aber ungerechterweise in die Vergessenheit verdrängt zu sein. Nicht ein-mal der Titel ihrer Diplomarbeit ist bekannt, die von Professor Weber so sehr gelobt wurde und die sie selbst im Brief an Helene Savić vom 11. Dezember 1900 erwähnt.

Der Zürcher Verlag «Origo» kündigte die Herausgabe der «Welt der Erinnerungen» von Julia Niggli an, wo viel von der Familie Einstein die Rede ist, sowie des Brief-wechsels zwischen Albert und Mileva von 1897–1938. Keines von diesen zwei Büchern ist je erschienen; nach Auskunft des Verlages «wegen juristischer Hinder-nisse».

Mileva mit ihrem Sohn Hans Albert

Ein Brief über Kindererziehung

Aus dem Jahr 1906 hat sich ein undatierter Brief von Mileva Marić an ihre Freundin Jelena Savić in Belgrad erhalten, in dem sie sich Gedanken über die Erziehung ihres Kindes macht und um Ratschläge und Hinweise bittet. Er ist deutsch geschrieben, mit einem Nachsatz von Albert Einstein versehen und lautet:

Meine liebe Freundin!

Ich danke Dir herzlich für Deine Karte, mit der Du mich ordentlich beschämt hast, so dass ich, wie Du siehst, schleunigst zur Feder greife, um Euch einiges von uns zu berichten. Vor allem unseren Dank für Euren freundschaftlichen Empfang damals in Kijevo, mit der Hoffnung, dass dieses Jahr uns überrascht. Ich habe mich schon so an den Gedanken gewöhnt, dass Ihr nächsten Sommer in die Schweiz kommt, dass ich mir schon oft überlegte, an welchen schönen Ort man zusammen zum Aufenthalt gehen könnte, das heisst wenn unser armer Geldbeutel nichts dagegen haben wird. Ich denke so oft mit Vergnügen an Deine herzigen Kinder, Helena; was für ein intelligentes Kind ist Deine Julka schon, es ist erstaunlich; unser Junge ist ein so drolliges Kerlchen, dass wir oft das Lachen verbeissen müssen, um ernst bleiben zu können bei seinen spitzbübischen Einfällen.
Ich weiss es nicht, ob das allgemein so ist, es war als ob plötzlich sein Geist anfinge zu erwachen; mit einem Mal ist er ganz anders geworden, über alles macht er sich seine Gedanken, stellt ganz unglaubliche Fragen. Gewiss hast Du diesen Zustand schon bei Deinen Kindern beobachtet; er ist nur unbedingt in der letzten Zeit noch viel lieber, weil er sich schon wie ein kleiner Mensch aufführt. Mein Mann verbringt seine freie Zeit zu Hause vielfach nur mit dem Buben spielend; zu seiner Ehre muss ich aber bemerken, dass das nicht etwa seine einzige Beschäftigung neben der amtli-

100

chen Tätigkeit ist, die von ihm verfassten Abhandlungen häufen sich schon ganz
schrecklich auf.

Ich würde mich so sehr interessieren zu wissen, wie Du bei der Erziehung Deiner
Kinder, die doch bis jetzt in Deinen Händen lag, verfährst? Gehst Du nach gewissen
eigenen Prinzipien vor oder nach von anderen Leuten schon erprobten?

Ich sah mich vergebens nach einer einschlägigen Lektüre um, die mir wirklich etwas
bieten würde.

Vielleicht könntest Du mir einen Rat geben; ich wäre Dir sehr dankbar dafür. –
Fandest du uns sehr verändert, abgesehen davon, dass wir älter geworden sind? Ich
habe oft das Gefühl, ich sässe in Zürich, in einem gewissen Zimmerchen und verlebe
meine schönsten Tage.

Es ist zu komisch, in meinen alten Tagen, ich denke zu gern an diese Zeit; auch Dich
denke ich mir gar oft so wie ich Dich damals kannte, und selten wie ich Dich später
sah. Ist es nicht merkwürdig?

Wie geht es der kleinen Mara? Wie geht es Deinen lieben Schwestern? Ich lasse sie
alle herzlich grüssen. Weisst Du vielleicht etwas von der Milana?

Ich wünsche Dir und Deinem Mann noch recht viel Glück zum Jahreswechsel.

>*Seid herzlich gegrüsst*
>*von Eurer Mitza*

Mitza hat schon so arg viel geschrieben und so inbrünstig, dass mein zweiter Auf-
guss von dem bisschen Schreibstoff gar zu wässerig ausfallen würde. Nehmt daher
den guten Willen für die Tat und empfangt die herzlichsten Grüsse und Glückwün-
sche

>*von Eurem*
>*Albert Einstein*

Auf vergnügtes Wiedersehen!

Das Haus Moussonstrasse 12 in Zürich

Wieder in Zürich

An der Universität Zürich wurde 1909 die ausserordentliche Professur für theoretische Physik frei. Die Mehrheit der Fakultät stimmte für den Österreicher Friedrich Adler, den Sohn Viktors, des Begründers der österreichischen sozialdemokratischen Partei. Der sehr begabte Gelehrte wandte sich später ausschliesslich der Politik zu und ermordete 1916 den Ministerpräsidenten Karl Graf Stürgkh, den er als Hauptschuldigen am Ersten Weltkrieg betrachtete.

Als Adler von der Kandidatur Einsteins erfuhr, schrieb er an die Fakultät, dass es keinen Sinn habe, ihn zu wählen, wenn die Möglichkeit bestehe, Einstein zu berufen, denn seine physikalische Begabung könne sich keineswegs mit der Einsteins messen. Es ist bemerkenswert, dass Einstein im persönlichen Kontakt stets Zuneigung hervorrief. Feindseligkeit entstand immer ausserhalb eines solchen und nicht aus wissenschaftlichen Gründen. Solche Antipathien wurden besonders durch den Nazismus und seine Vorläufer verbreitet.

Als Einstein von jenem Brief Adlers erfuhr, war er überrascht und ergriffen. Adler war sein und Milevas Freund, doch gingen sie jetzt in manchen Ansichten sehr auseinander.

Einstein wurde am 7. Mai 1909 an die Universität Zürich berufen. Nach einem Sommeraufenthalt in Schiers, im Haus seines Freundes Konrad Habicht, übersiedelte die Familie Einstein von Bern nach Zürich. Sie wohnten an der Moussonstrasse 12

103

im zweiten Stock, gerade über der Wohnung Friedrich Adlers, der dort seit 1903 wohnte, als er sich mit der litauischen Russin Katja Germaniševkaja verheiratet hatte. Vorher hatte er an der Pestalozzistrasse 37 gewohnt, unmittelbar nach Rosa Luxemburg, die nach Berlin gezogen war. Katja hatte einst mit Mileva, Einstein und Friedrich Adler die Vorlesungen Minkowskis über analytische Mechanik gehört. Nach ihrer Heirat gab sie das Studium auf.

Auf der Karte der Einwohnerkontrolle der Stadt Zürich steht, dass die Familie Einstein seit 22. Oktober 1909 in Zürich wieder gemeldet war. Auch in Zürich wurde Milevas Heim ein Sammelpunkt gescheiter Köpfe und begabter Musiker. Anfangs 1910 kamen ihre Eltern zu Besuch, und sie zeigte ihnen die Sehenswürdigkeiten der Stadt. Um diese Zeit wurde Einstein auch von Gelehrten aus verschiedenen Ländern besucht, und es gab lange Diskussionen. Die Relativitätstheorie war schon allgemein bekannt, aber noch nicht genügend gekannt. Als die Eltern nach Novi Sad zurückgekehrt waren, erzählte die Mutter stolz: «Ich wusste nicht, dass meine Mitza in der Welt so geschätzt wird. Als wir dort waren, kamen die grössten und gescheitesten Leute der Welt in ihr Haus und wollten nie zu reden beginnen, ehe Mitza da war. Sie sass gewöhnlich abseits und hörte bloss zu, doch sobald sie zu reden begann, drehten alle sich nach ihr um und notierten mit grosser Aufmerksamkeit alles was sie sagte.» Frau Sofija Galić-Golubović aus Belgrad, eine Cousine Milevas, die in ihrem Elternhaus aufwuchs, erinnert sich sehr gut an diesen Bericht der Mutter. Zu den Aufgaben des Alltags verhielt sich Mileva mit gesundem Wirklichkeitssinn. Sie sorgte für alles und schützte ihren Mann vor Sorgen, für die er keinen Sinn hatte. Die Einkünfte waren jetzt anständig, doch nicht gross. Von Mileva wurden sie so verständig verwaltet, dass sie auch Ersparnisse anlegen konnte, was ihr Mann mit Staunen und Bewunderung zur Kenntnis nahm. In die Sorge um den Sohn teilten sie sich. Während Mileva kochte und wusch, schläferte Einstein den Knaben ein, ein Buch in der Hand und seinen Gedanken nachhängend. Um ihrem Gatten grössere materielle Unabhängigkeit zu sichern, nahm Mileva sogar Studenten in Kost und Logis und arbeitete fast über ihre Kräfte. Ein damaliger Student Einsteins beschreibt seinen

Besuch beim berühmten Professor: «Ich kam zur bestimmten Stunde in Professor Einsteins Wohnung. Die Wohnungstür war offen, Stiege und Korridor feucht, und seine Frau kochte, mit aufgekrempelten Ärmeln, nach allen diesen Arbeiten, das Mittagsmahl.»

Einer dieser Studenten war Svetozar Varićak, ein Sohn des Zagreber Universitätsprofessors für Mathematik, Vladimir Varićak (1865–1942), der 1910 auf einer Mathematikerversammlung in Berlin mit Einstein bekannt geworden war. Er war der erste, der im heutigen Jugoslavien über die Relativitätstheorie schrieb. In einem Privatgespräch bemerkte er, dass er seinen Sohn gern zum Chemiestudium in die Schweiz schicken würde, wenn er nur wüsste, wo er ihn gut unterbringen könnte. Da sagte Einstein: «Meine Frau ist eine Serbin und gibt Studenten Kost und Logis. Wenn es soweit ist, kann ihr Sohn bei uns wohnen. Ich werde mit meiner Frau darüber reden.» Die Tochter von Svetozar Varićak erinnert sich, dass ihr Vater erzählte, Einstein habe seiner Frau hie und da im Haushalt geholfen, weil sie ihm leid tat, dass sie sich nach der Hausarbeit jeweils noch bis über Mitternacht um die Lösung mathematischer Probleme nach seinen Notizen bemühte. Obwohl die Anstrengungen Milevas ihre Kräfte überstiegen, war ihr Familienleben glücklich.

So arbeitete Mileva unermüdlich und freute sich unendlich über den Erfolg ihres Mannes. Noch in Bern schrieb sie am 3. September 1909 ihrer Freundin Helene: «Mein Mann ist gegenwärtig in Salzburg auf der Versammlung deutscher Naturforscher, wo er einen Vortrag halten wird. Er zählt jetzt zu den ersten Physikern deutscher Zunge. Ich bin sehr glücklich über seine Erfolge, denn er hat es wirklich verdient.»

Ohne irgendwelche Schlussfolgerungen, denn die könnten fehlerhaft sein, wollen wir eine Anekdote erzählen. Ein damaliger Student Einsteins, Dr. Hans Tanner, erinnert sich, dass Einstein einst mitten im Vortrag steckenblieb und sagte: «Da muss es eine dumme mathematische Transformation geben, die ich im Augenblick nicht sehe. Hat einer von Ihnen sie bemerkt?» Da keiner von den Studenten sich meldete, sagte er: «Lassen sie eine Viertelseite leer, wir wollen keine Zeit verlieren, das Resultat lautet

105

wie folgt …», und las es vor. Nach ungefähr zehn Minuten fand er ein Zettelchen und schrieb die Transformation daraus an die Tafel. «Die Hauptsache ist das Resultat, nicht die Mathematik, denn mit Mathematik kann man alles beweisen.» So betrachtete er die Mathematik, die Beweise mussten ihm andere leisten. An einem wissenschaftlichen Kongress sagte er im Scherz: «Seit sich die Mathematiker meiner Relativitätstheorie bemächtigt haben, verstehe ich sie selbst nicht mehr.»

Er bestritt den «sechsten Sinn» des mathematischen Denkens. Dem Mathematiker Gustave Ferrier, der fest an die Unerschütterlichkeit der mathematischen Gesetze glaubte, legte er fünf Zündhölzchen nebeneinander auf den Tich und fragte ihn: «Was ist die Gesamtlänge dieser Hölzchen, wenn jedes 5 cm lang ist?» «Selbstverständlich 25 cm», antwortete Ferrier. «Das behaupten Sie, doch ich bezweifle es, denn ich glaube nicht an die Mathematik.»

Oft stiegen Mileva, Albert und Friedrich Adler zur Mansarde hinauf, um fern vom Kinderlärm zu arbeiten, während Katja bei den Kindern blieb. Mileva wurde in allem nur von der liebevollen Sorge um Albert geleitet. An Helene schreibt sie 1910, wie beliebt Einsteins Vorträge seien, und dass sie keinen versäume.

Professor Adolf Hurwitz war ein ebenso vortrefflicher Musiker wie Mathematiker. Er hatte einen Sohn und zwei Töchter. Die ältere, Lisbeth, führte bereits als kleines Mädchen mit scharfer Beobachtungsgabe ein Tagebuch. Schon in früher Jugend konnte sie an den Hauskonzerten daheim oder bei Freunden teilnehmen. In seinen Aufzeichnungen erwähnt Hurwitz Albert Einstein zum erstenmal, als er ihm als guter Geiger empfohlen wurde. Er hatte sich nicht erinnert, dass der Historiker Alfred Stern ihm Einstein schon empfohlen hatte, als dieser noch Student war.

Am 28. Juli 1910 wurde dem Ehepaar Einstein der zweite Sohn geboren, Eduard. Mileva arbeitete sich ab; sie war ganz ohne Hausgehilfin, und ihre Gesundheit liess nach. Sie hatte bereits alle persönlichen Interessen aufgegeben, soweit sie nicht mit Albert in Verbindung waren. Als ein befreundeter Arzt ihr sagte, sie würde sich zugrunde richten, und meinte, dass Einstein etwas mehr verdienen sollte, erwiderte sie: «Ist es denn niemandem klar, dass mein Mann sich halbtot arbeitet? Sein Wissensdrang, sein Streben nach immer neuer Erkenntnis, die Arbeit daran, das ist ja seine Genialität.»

In Zürich hatten sie alte Bekanntschaften aus der Studienzeit erneuert, und so wurde, wie in Bern, auch in Zürich ihr gastfreundliches Heim besucht, unter anderem vom bekannten Mathematiker Georg Polya, später Professor der Mathematik an der Stanford-Universität in den USA. Er schrieb am 17. März 1966: «Ich kannte Frau Professor Einstein-Marić gut und schätzte sie hoch.»

Einstein besuchte fast täglich das Café «Terrasse», wohin sie ihn nur selten begleitete. Dafür gingen sie häufig zusammen ins Theater sowie in fast alle Tonhalle-Konzerte. Er kam jeweils direkt von seinen Vorlesungen und kümmerte sich nicht darum, wie sehr er mit seinem zerknitterten und mit Kreide beschmutzten Anzug von der feinen Umgebung abstach. Sie trug im Täschchen einige belegte Brote mit sich und steckte sie ihm in den Pausen heimlich zu. Er aber biss grosse Stücke ab und wechselte mit vollem Munde Grüsse und Reden mit Bekannten. Das störte Mileva, denn er wurde immer berühmter und immer mehr beachtet. Vielleicht unbewusst wandte er sich immer mehr der Welt zu.

Sie waren beide zufrieden, in Zürich zu sein. Mileva blieb dieser ihr auf Erden liebsten Stadt bis zum Tode treu. In den intimen Zusammenkünften zu Hause wurde viel musiziert. Lisbeth Hurwitz beschreibt ihr erstes Zusammentreffen mit Einstein in ihrem Tagebuch (21. Januar 1911): «Er ist ein sehr heiterer, bescheidener und kindlicher Mensch, mit einer neuen Auffassung vom Zeitbegriff. Zweimal spielten wir auch ein Konzert von Bach. Er ist sehr musikalisch. Am selben Abend sprach er mit Vater von seiner Berufung nach Prag.»

Von der Geburt des zweiten Sohnes an wurde Milevas Anteil an den mathematischen Arbeiten geringer. Jetzt nahm Einstein zeitweilig fortgeschrittene Studenten und Freunde zu Hilfe. Bei allem Fleiss war aber der Schwung nicht mehr der frühere, wunderbare. Als er eines Tages nach Hause kam, teilte er Mileva mit, man werde ihn als Professor für experimentelle Physik nach Prag berufen.

«Das wirst du doch nicht annehmen», sagte Mileva. «Doch, warum nicht?» erwiderte er. «Aber du bist im Experimentieren nie stark gewesen, du hast ja selbst gesagt, dass du dich vor jedem Apparat fürchtest, als ob er dir in der Hand explodieren würde» (was tatsächlich einmal passiert war). «Du hast recht», versetzte Einstein, «ich werde nicht annehmen.»

Aber in seiner charakteristischen Unbeständigkeit nahm er doch an. Das war 1910. Nach langen Verhandlungen wurde ihm an der deutschen Universität Prag der Lehrstuhl für theoretische Physik anvertraut. Er wurde ordentlicher Professor. Mileva fiel es schwer, die freundschaftliche Umgebung zu verlassen und in ein fremdes Milieu hinüberzuwechseln. Dasselbe galt für Albert Einstein. Hier, in der Schweiz, in Zürich, waren seine Freunde, mit denen er diskutieren und musizieren konnte, aber die ordentliche Professur sicherte ihm eine grössere Unabhängigkeit. Mileva war gegen den Weggang von der Schweiz, als ob sie geahnt hätte, dass die Trennung von diesem Lande auch ein Trennung von ihrem Lebensglück bedeuten werde. Das Glück dauert gewöhnlich nicht lange, während man vom Umglück kein Ende absehen kann. Doch wollte sie ihren Mann nicht hindern. Für ihn bedeutete diese Berufung viel, und das war die Hauptsache. So überliess sie ihm die Entscheidung und unterwarf sich ihr schweren Herzens. Besonders besorgt war sie wegen des kleinen Kindes in einer ganz fremden Umgebung, wo sie niemanden kannte. So rief sie ihre Mutter zu sich.

Mileva erinnerte sich aus ihrer Kindheit, was das Tanzen einem Kind bedeuten kann. So hatte sie in Zürich ihren sechsjährigen Sohn in eine Tanzschule geschickt. Ende Januar 1911 trägt Lisbeth Hurwitz in ihr Tagebuch ein: «In der Tanzschule ist mit uns auch Hans Albert. Er ist der kleinste von allen Knaben. Unter den Besuchern sassen den ganzen Abend Professor und Frau Einstein, winkten uns mehrmals mit den Händen zu und machten Zeichen. Ein sehr angenehmer Abend.»

Im Februar reisten Mileva und Einstein nach Holland. Unterwegs schrieben sie aus Basel in aller Eile, mit Bleistift, eine Karte an Friedrich Adler:

108

«Lieber Herr Adler! Besten Gruss von uns beiden aus Basel. Wenn das Haus abbrennt, oder sonst was Hübsches passiert, dann telegraphieren Sie uns bitte an die Adresse
Professor H. A. Lorentz, Leiden
wo wir bis Sonntag sind. Nachher Herrn Caesar Koch, 9, courte rue d'argile Antwerpen.

Die beiden Einsteine.»

«Viele Grüsse an die ganze Familie Adler von Ihrer   M. Einstein.»

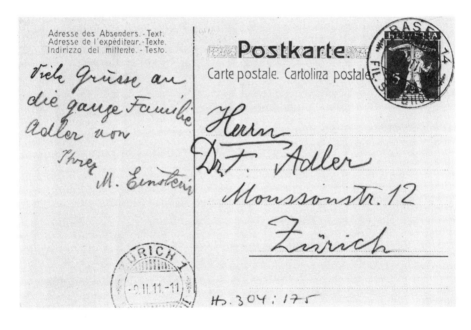

Lieber Herr Adler!

Besten Gruss von uns beiden aus Basel.

Wenn das Haus abbrennt, oder sonst was Hübsches passiert, dann telegraphieren Sie uns bitte an die Adresse

Prof. H. A. Lorentz
Leiden,
wo wir bis Sonntag sind. Nachher Herrn Cäsar Koch
9 courte rue d'argile
Antwerpen.

Die beiden Einsteine

Eine Postkarte von Albert Einstein an F. Adler mit einem Gruss von Mileva

Selbst in diesen rasch hingeworfenen Zeilen ist ein merklicher Unterschied im Verhalten dieser zwei Menschen spürbar. Sie grüssen ihre Freunde auf unterschiedliche Art.

Es war, wie Lisbeth am 28. Februar 1911 in ihrem Tagebuch notierte, zur Regel geworden, dass man bei Hurwitz einmal wöchentlich musizierte! «Albert Einstein kommt regelmässig um fünf Uhr und wir spielen Bach und Mozarts zehnte Sonate.» Milevas Mutter kommt nach Zürich, um beim Umzug und dann in der ersten Zeit in Prag zu helfen. Sie fühlt deutlich, dass ihre Tochter von einer trüben Ahnung besessen ist, obwohl sie nicht davon spricht und von der Mutter nicht gefragt wird. Am 28. März erwähnt Lisbeth ihren Abschiedsbesuch bei Mileva, und Ende März reist die ganze Familie ab. Eduard war acht Monate, Hans Albert noch nicht ganz sieben Jahre alt, also schon im schulpflichtigen Alter.

In Prag wohnten sie an der Třebizského ulice 125. Die Stadt gefiel Mileva nicht, und das Leben darin wurde ihr durch die deutsch-tschechische Spaltung immer schwerer. Als Slawin fühlte sie sich den Tschechen näher, während sie durch die Stellung ihres Mannes an die deutsche Gesellschaft gebunden war, die ihr fremd und unlieb blieb. Die Universität Prag, 1348 gegründet, war die älteste in Mitteleuropa. Infolge der wachsenden nationalen Streitigkeiten wurde sie 1882 in eine tschechische und eine deutsche geteilt. Die Beziehungen der Professoren der beiden Hochschulen waren so eisig, dass sich mitunter selbst solche, die sich mit den gleichen Problemen befassten, aber an den getrennten Universitäten lehrten, einander erst auf ausländischen Kongressen kennenlernten, einige höfliche Redensarten wechselten und nach der Rückkehr nach Prag ihre Bekanntschaft vergassen, um sich auf einem nächsten Kongress einander wieder vorzustellen. In einer solchen Atmosphäre musste Mileva leben.

Die Einkünfte waren jetzt bedeutend höher; zum erstenmal konnte sie eine Hausgehilfin halten. Doch das Leben wurde finster und unbefriedigend. Der einzige Mensch, mit der sie in nähere Berührung kam war eine Russin, die Physikerin Tatja-

na Afanasijeva, die Frau von Alberts Freund Paul Ehrenfest; Einstein nannte sie
«das lächelnde Rätsel». Ehrenfest folgte 1923 Lorentz auf dem Katheder für theoretische Physik in Leiden. Wenn immer Einstein später aus Berlin nach Leiden kam,
um Vorträge zu halten, wohnte er bei Ehrenfest; manchmal kam er auch ohne Vor-
tragspflichten, um im Heim des «lächelnden Rätsels» gemütliche Stunden zu verleben. Er nannte sie beide «Goldmenschen».
Doch zwischen Mileva und ihrem Mann entstanden Unstimmigkeiten. Einsteins Bio-
graph Seelig berichtet, es hätten jetzt verschiedene von aussen zur Zerstörung ihrer
Ehe gelegte Minen zu wirken begonnen. Alberts nähere und entferntere Verwandtschaft lenkte seine Aufmerksamkeit auf Milevas Aussehen, auf ihr Hinken, auf ihre
mangelhafte Gepflegtheit. In seiner jetzigen Stellung habe er eine Frau nötig, mit der
er überall Staat machen könne. D. Marianoff und P. Wayne sagen in ihrem Buch
«Einsteins dans l'intimité»:
«Auch Mileva war Mathematikerin und hätte gern an solchen Gesprächen teilge-
nommen, doch Einstein liess sie zu Hause bei den Kindern, und sie wurde immer
schweigsamer und unzufriedener.» So begann sie wirklich ihr Äusseres zu vernach-
lässigen, was gewöhnlich auf den inneren Zustande schliessen lässt. Und ihr jetziger
Zustand war elend. Beide hatten ein Bedürnis nach Freundschaft, aber nicht mehr
gegenseitig. Wie um durch ferne Freunde das einstige Berner Glück wiederzubeleben
und die Beziehungen zwischen ihr und Einstein aufzuwärmen, lud Mileva im Namen
der vierköpfigen Familie die Brüder Habicht zu Gast:
«Zum Essen gibt es anständige Sachen, ohne Knoblauch und Zwiebeln. Auch ohne
Rücksicht auf uns ist Prag wert, besucht und gesehen zu werden.»
Albert, der von heiterer und offener Natur war, ertrug Milevas Schweigen und ihr
instinktives Misstrauen gegenüber dem Einfluss seiner Verwandtschaft schwer. Er
sagte zu Ehrenfest: «Schwer finde ich eine mir wohltuende Berührung mit Menschen, und Einsamkeit kann man nur bis zu einem gewissen Grade vertragen.»
Von seinen Arbeiten, selbst von deren Themen redete Einstein mit Mileva nicht
mehr. Das schmerzte und verletzte sie, doch wollte sie ihm ihr Interesse daran nicht

aufdrängen. So wurde sie noch schweigsamer. In ihrer stolzen Verschlossenheit wandte sie sich immer mehr ihren Kindern zu und gewann deren Liebe und Vertrauen. So standen später, in den schmerzlichen Tagen der Ehetrennung, beide Söhne zu ihr und gehörten ganz ihr. Die Freunde verehrten und verstanden Mileva. Grossmann, Zangger, Adler, die Brüder Habicht, Solovine, Besso, Ehrenfest und andere, sie alle betrachteten Mileva als Einsteins vortrefflichen Lebenskameraden, doch fürchteten sie ihre finsteren Stimmungen, die in Prag immer häufiger wurden.

Bei der Beschäftigung mit dem Problem der Schwerkraft stiess Einstein in der Frage, ob sie eine Kraft oder ein Feld sei, auf mathematische Schwierigkeiten, die er nicht überwinden konnte. Er wandte sich dabei nicht an Mileva, sondern schrieb an Marcel Grossmann:

«Ich bin auf mathematische Schwierigkeiten geraten, die ich nicht besiegen kann. Ich bitte Dich, hilf mir, denn mir scheint ich werde verrückt.»

Der gute, treue Freund Grossmann löste den mathematischen Teil des Problems glänzend. So begann eine neue Zusammenarbeit, deren gemeinsame Ergebnisse 1913 in der «Vierteljahreszeitschrift der Naturforschenden Gesellschaft» in Zürich erschienen. Solange Einstein mit Mileva arbeitete, hatte er nie von irgend jemand sonst Hilfe bei mathematischen Schwierigkeiten verlangt.

Sie hatte sich vollständig zurückgezogen, von sich redete sie nicht. Selbst im eigenen Heim fand sie wenig zu sagen. Bei all seiner Hochachtung für sie, fiel das dem gesprächigen Albert schwer. Niemand weiss, ob sie je miteinander über die Ursachen dieser Lebensstörungen sprachen. Der kleine Albert, der damals fast acht Jahre zählte, fühlte die Spannung, hoffte aber in seiner Kinderseele, Vaters Heiterkeit werden siegen und alles wieder gut werden zwischen diesen beiden, die ihm gleich teuer waren.

Man geriet jetzt in Streit über Dinge, die man früher als ganz unwichtig betrachtet hätte. So schlief Einstein morgens gern etwas länger, während Mileva mit dem Aufräumen drängte; oder er hielt sich lange mit dem Rasieren auf und pfiff dabei, und das ging ihr auf die Nerven, was früher nie der Fall gewesen war. Das Leben mit ihr war nicht leicht, doch zum Zanken neigte sie nicht. Manche von ihren Eigenheiten konnte er einfach nicht verstehen. Selber offen, auch etwas keck und unbeherrscht, konnte er ihre Zurückhaltung und Schweigsamkeit nicht ertragen. Sie äusserte ihre Stimmungen und Missstimmungen nie spontan. Ihr Geist war konstruktiv und praktisch, der seinige gefesselt von den Geschehnissen im Bereich seines wissenschaftlichen Interesses; er war unpraktisch und in seiner Handlungsweise unzuverlässig. Manchmal nahm er Kleinigkeiten gar zu ernst, dann wieder ging er über grosse Dinge mit Scherzen hinweg. Mileva wusste das und hatte ihn genommen, wie er war. Sie kannte sowohl seine menschlichen Schwächen als seine Grösse. Sie wusste, dass es Dinge gibt, die man nicht ändern kann. Im Haus und in der Familie hatte er ihr weder Halt noch Schutz geboten. Doch jetzt kamen bei ihm auch andere Eigenheiten zum Vorschein, die Carl Seelig Mängel nennt und mit denen sie sich nicht aussöhnen konnte. Sie dachte über alles das nach, denn das Glück gibt man nicht leicht auf.

1911 fand unter dem Namen «Solvay-Konferenz» in Brüssel ein wissenschaftlicher Weltkongress statt. Die Idee dazu stammte von dem reichen belgischen Chemiker und Industriellen Ernest Solvay (1838–1922), der auch alle Kosten trug. Er interessierte sich sehr für theoretische Physik, hatte entdeckt, wie man Ammoniaksoda gewinnen kann, und in Brüssel ein Institut für chemische und physikalische Forschungen gegründet.

Am Kongress nahmen die bedeutendsten Vertreter der chemischen und physikalischen Wissenschaften aus vielen Ländern Europas teil. Einstein kam als Vertreter Österreichs. Hier begegnete er Marie Curie, Henri Poincaré, Paul Langevin aus Frankreich, Sir Ernest Rutherford aus England, Max Planck und Walther Nernst aus Deutschland, H.A. Lorentz aus Holland und vielen anderen. Er hielt einen Vortrag, den Mileva mitanhörte und so Zeugin seiner grossen Popularität unter den Spitzen der Wissenschaft wurde.

In ihren Gesprächen zog Mileva durch ihre tiefe Kenntnis wissenschaftlicher Errungenschaften und durch das klare Erfassen ihrer Bedeutung grosse Aufmerksamkeit auf sich. Das benützte sie, um privatim von ihrer Sehnsucht nach Zürich und Alberts Wunsch, dorthin zurückzukehren, zu sprechen. Da man ihnen gewisse Aussichten

115

machen konnte, reisten die beiden bald darauf nach Zürich, um die Möglichkeiten zu prüfen. Im Tagebuch von Lisbeth Hurwitz steht unter dem 14. November 1911, um elf Uhr hätten sie Besuch von Mileva und Albert Einstein gehabt. Noch im gleichen Monat fragt Grossmann Einstein an, ob er sich für eine Stelle an der ETH interessiere. Am 18. November antwortet Einstein, er sei grundsätzlich einverstanden, an der ETH theoretische Physik zu lehren und würde sich sehr freuen, wieder nach Zürich zu kommen.

Unter dem Eindruck von Milevas Sehnsucht nach der Schweiz und der von ihr hochgeschätzten Fähigkeiten Einsteins schrieb Marie Curie von der Faculté des Sciences de Paris am 17. November 1911 an Professor Pierre Weiss von der ETH:
«J'ai beaucoup admiré les travaux qui ont été publiés par M. Einstein sur les questions qui touchent à la physique théorique moderne. Je crois, d'ailleurs, que les physico-mathématiciens sont d'accord pour considérer que ces travaux sont tout à fait de premier ordre. A Bruxelles, où j'ai assisté à un conseil scientifique dont M. Einstein faisait partie, j'ai pu apprécier la clarté de son esprit, l'étendue de sa documentation et la profondeur de ses connaissances. Si l'on considère que M. Einstein est encore très jeune, on est en droit de fonder sur lui les plus grandes espérances et de voir en lui un des premiers théoriciens de l'avenir. Je pense qu'une institution scientifique qui donnerait à M. Einstein les moyens de travail qu'il désire, soit en l'appelant à une chaire déjà existante, soit en créant une chaire pour lui dans les conditions qu'il mérite, ne pourrait qu'être grandement honorée par une telle décision et rendrait certainement un grand service à la science.»

Henri Poincaré schickte einen ähnlichen Empfehlungsbrief an Pierre Weiss:
«L'avenir montrera de plus en plus quelle est la valeur de M. Einstein, et l'Université qui saura s'attacher ce jeune maître est assuré d'en retirer beaucoup d'honneur.»

Auch der Professor der Physik an der Universität Zürich, Alfred Kleiner, bei dem Einstein doktoriert hatte, setzte sich für dessen Berufung an die VIII. Abteilung der ETH ein, an der künftige Mathematik- und Physiklehrer ausgebildet wurden; dieser Abteilung stand Marcel Grossmann vor.

In der Sitzung vom 22. Januar 1912 schlug der Schulrat Albert Einstein zum ordentlichen Professor für theoretische Physik vor. Am 12. Februar berichtete Einstein dem Professor Alfred Stern in Zürich:

«Vor zwei Tagen wurde ich (Hallelujah!) an das Polytechnikum nach Zürich berufen und habe hier schon meinen K.u.K. Abschied angemeldet. Darob bei uns Allen und beiden Bärchen grosse Freude.» Den Brüdern Habicht schrieb er auf einer undatierten Karte: «Wir freuen uns alle sehr, dass wir wieder nach Europa und in die Gegend der Habichte kommen. Ende Juli kommt der Zügelmann ...»

Mileva trifft fieberhaft alle Vorbereitungen. Im August kommen sie nach Zürich zur Wohnungssuche. Sie wohnen im Hotel, besuchen Freunde und erkundigen sich nach einer passenden Wohnung, was kein schwieriges Problem ist, da es bei der grossen Bautätigkeit Wohnungen in Fülle gibt. Die Einsteins wollen in der Nähe der ETH wohnen; sie hatten sich an diese sonnige Gegend gewöhnt.

Am 13. August 1912 notiert Lisbeth Hurwitz in ihr Tagebuch: «Heute war die Familie Einstein bei uns zu Tische. Er wurde an die ETH berufen, und wir gewannen den Eindruck, dass sie Prag gern verlassen werden.»

Als ob beide den Aufenthalt in Prag wie einen Alpdruck erlebt hätten, hoffen sie, in Zürich werde alles wieder gut werden. Doch ein Riss in der Ehe gleicht einem Sprung im Glas; er bleibt oder erweitert sich, verschwindet aber nie wirklich. Auch die günstigste Umgebung kann da nicht wesentlich helfen. Höchstens können die Unstimmigkeiten weniger auffallend und leichter erträglich, ja zur Gewohnheit werden. Bei Mileva war das nicht möglich. Sie war tief überzeugt, ihr grosser Albert werde sich ihr wieder zuwenden, dass Frau und Kinder ihm wieder viel bedeuten würden. Doch das Leben kümmert sich nicht um Wünsche, es wickelt sich nach seinen unerbittlichen Gesetzen ab. So erweiterte sich der Sprung im Glas der Einstein-Ehe trotz der scheinbaren und zeitweiligen Beruhigung.

Anfang August bezog die Familie Einstein eine Wohnung auf dem ersehnten Zürichberg, an der Hofstrasse 116. Mileva war wieder im geliebten Land der Freiheit, im besonders geliebten Zürich. Sie hoffte, sie werde da ausserhalb des Bereiches jener verhängnisvollen Einflüsse sein, die ihre Ehe gestört und zu häuslichen Zusammenstössen geführt hatten. Albert konnte seine Tätigkeit in Wissenschaft und Lehre an derselben Schule fortsetzen, an der sie beide studiert hatten. Er hatte erreicht, was er längst ersehnt hatte. Sein tiefer Glaube an die Gesetzmässigkeit allen Geschehens hatte ihm oft im Ertragen von Lebens- und Arbeitsschwierigkeiten geholfen. Er glaubte bis ans Ende an die ununterbrochene Einheit aller Erscheinungen des Weltalls, die durch ein allumfassendes Gesetz ausdrückbar ist und das zu finden er als die höchste Aufgabe der Physik betrachtete.

Wieder machten sie mit den Kindern Ausflüge in die Berge, was ihrer Gesundheit und dem häuslichen Frieden sehr zuträglich war.

Die Wälder waren feucht und voll von Pilzen aller Art. Mileva sammelte sie mit den Kindern, erzählte ihnen von der Symbiose der Waldgeschöpfe und machte sie auf den zauberhaften Waldesduft aufmerksam. Die Füsse versanken im weichen Moos und in den abgefallenen Baumnadeln. Die Knaben rutschten und fielen, und ihr Lachen hallte in der seltsamen Stille des Waldes wider, der so viele Geheimnisse barg und so sehr zum Forschen reizte. Albert und der ältere Sohn begeisterten sich auch für die Gletscher, während Tete und die Mutter sich mehr zum Leben der Erde hingezogen fühlten.

Im Tagebuch von Lisbeth Hurwitz steht unter dem 19. Oktober 1912, man musiziere wieder mit Professor Einstein. Er spielt mit Lisbeth Händels Konzert für zwei Violinen. Lisbeth liebt dieses gemeinsame Musizieren, und er anerkennt die Fortschritte, die sie in den letzten Jahren gemacht hat, und freut sich jedes Augenblicks, den er bei den Hurwitz verbringt, wo er auch die ihn beschäftigenden wissenschaftlichen sowie die pädagogischen Probleme der ETH, an der auch Hurwitz lehrt, erörtern kann.

Man besprach sich, für die nächste Zusammenkunft Schumann gut einzuüben, um ihn auch Mileva vorzuspielen, die Schumann besonders liebte. Sie ist seit Prag etwas anders geworden, doch das wird sich schon geben, meint man, das ist wohl nur ein Nachwehen des unerquicklichen Aufenthalts in Prag.

Das grösste Rätsel bleibt die Seele des Mitmenschen, selbst wenn sie minder kompliziert ist als die Milevas. Ein jeder sieht die Welt anders als selbst die ihm Nächststehenden und beurteilt alles nach seiner inneren Auffassung. Wir schreiben unseren Nächsten Eigenheiten und Anschauungen zu, wie sie uns erscheinen, wir messen sie nach unserem eigenen Mass. Mileva wirkt jetzt düster. Man achtet ihre Gedanken und ihre Schweigsamkeit, doch stösst man in Gesellschaft an sie an, wie an etwas, das nicht an seinem rechten Platz ist.

Am 22. November kommt wirklich auch sie, um Schumann zu hören. Albert und Mileva sind bestrebt, ihre früheren Beziehungen und Gewohnheiten wieder aufzunehmen. Im Haus des Professors Hurwitz finden beide tiefes Verständnis; hier ist man ihnen ebenbürtig. Mileva trachtet alle von Hausfrauen- und Mutterpflichten freien Stunden mit Musik zu verbringen.

Im Februar 1913 kommt die ganze Familie Einstein zum Musizieren, bei starkem Frost. Auch Hans Albert beginnt bereits Musik zu spielen. Um Mileva angenehm zu sein und den Schatten von ihrem Gesicht zu vertreiben, nimmt man Schumann aufs Programm. Sie kommt jedesmal mit ihrem Mann. Doch mit ihrer Gesundheit steht es nicht gut. Sie glaubt, die Schmerzen in ihren Beinen seien rheumatischer Natur;

das Gehen fällt ihr schwer, doch geht sie überall hin, wo es ihr angenehm sein kann. Sie beginnt Lebensreiz ausser sich selbst zu suchen. Sie zwingt sich und ihren defekten Organismus zu Anstrengungen.

«Wir spielten Schumann» verzeichnet Lisbeth am 7. Februar 1913. «Es wird wärmer, der Frühling scheint nahe, und Mileva hofft, die Schmerzen würden jetzt nachlassen. Im Sommer will sie in ein Schlammbad.»

Am 14. Februar 1913 kommt Einstein allein mit seiner Violine. Lisbeth notiert, dass man Anton Rubinstein spielte. Sie verabreden sich, wieder Schumann aufs Programm zu setzen, damit Mileva kommt. Als Albert ihr das mitteilt, schweigt sie, und er wird verstimmt, doch fragt er nicht weiter. Das nächste Mal kommt sie, doch die Schmerzen in den Beinen machen ihr das Gehen fast unmöglich. Am 21. Februar 1913 spielt man Schumann und Corelli.

Ausser den regelmässigen Musikabenden kam am Sonntagnachmittag die ganze Familie Einstein zu den Hurwitz, denn dann hatte ihre Hausgehilfin ihren freien Ausgang. Schon auf der Treppe verkündete Einstein: «Hier kommt der ganze Einstein-Hühnerstall.»

Die Hauskonzerte bei Hurwitz waren weit bekannt und wurden von bedeutenden und angesehenen Persönlichkeiten besucht. Da gab es auch Gelegenheit zu interessanten Begegnungen und Gesprächen. Wenn die Familie Einstein ankam, waren die Knaben in warme Schals eingewickelt, rotwangig; Mileva sah etwas erschreckt aus, sie fürchtete vereiste Wege und hielt sich fest an Albert. Dieser blies sich nachher, beim warmen Tee, in die eiskalten Hände.

Einmal kam auf der Durchreise durch Zürich auch Auguste Piccard, Professor der Physik an der Universität Brüssel, der sich 1931 als erster Mensch in die Stratosphäre erhob. Diesen Besuch verzeichnete Lisbeth am 28. Februar 1913, doch fügte sie hinzu, Einstein sei nicht gekommen, er habe nur seine Geige geschickt. Nach einigen Tagen liess er das Instrument holen, doch am 7. März kam er wieder, nicht ohne sein Ausbleiben zu entschuldigen.

121

Am 12. März 1913 schreibt Mileva ihrer Freundin Helene nach Belgrad: «Mein grosser Albert ist unterdessen ein berühmter Physiker geworden, der in der physikalischen Welt sehr geehrt und bewundert ist. Er arbeitet unermüdlich an seinen Problemen, man kann ruhig sagen, dass er nur für sie lebt.» Dann bemerkt sie, er scheine für seine Familie keine Zeit mehr zu haben. Um Ostern werde er nach Paris reisen. In diesen wenigen Worten fühlt man eine Bitterkeit; man ahnt, was ihr Antlitz verdüsterte, während sie der Musik lauschte und ihn betrachtete.

Am 14. März kam Einstein wieder nicht zum Musizieren und entschuldigte sich mit Familienrücksichten. Am nächsten Tag besucht Lisbeth mit ihrer Mutter Mileva und vermerkt in ihrem Tagebuch, Frau Einstein sei im Gesicht stark angeschwollen gewesen.

Zu Beginn des Frühjahrs weilte Marie Curie als Gast bei den Einsteins. Sie wurde von Mileva sehr herzlich empfangen, mit Dankbarkeit wegen ihrer Befürwortung von Alberts Wahl zum Ordinarius an der ETH. Die beiden Frauen befreundeten sich und beschlossen, Ende des Semesters zusammen in die Berge zu gehen, mit Rucksack und aller Sorge ledig.

Als Einstein von der oben erwähnten Reise nach Paris in bester Stimmung zurückkehrte, brachte er Mileva Grüsse von Marie Curie. Gleich darauf besuchte er die Familie Hurwitz und sagte, er sei froh, wieder «in der Provinz» zu sein.

Eine Woche später wurde Hurwitz vom deutschen Physiker Max Born besucht, der nach einer Ferienreise in Italien kurze Zeit in Zürich weilte. Später kam auch Einstein dazu, wie in Lisbeths Tagebuch am 8. April verzeichnet ist. Im Laufe dieses Gesprächs und auch später äussert Einstein sein Interesse für den Stand der Physik in Deutschland. Er sagt Born, er würde gern nach Berlin gehen, wenn er dort Aussicht auf günstige Bedingungen für seine Forschungen hätte.

Die Hauskonzerte finden regelmässig statt im April, Mai, Juni und Anfang Juli. Am 25. Juli schreibt Lisbeth, Einstein habe ihnen mitgeteilt, dass er nach Berlin reise. Vielleicht besprach er sich schon damals über seine eventuelle Berufung nach Berlin. Erst im August sollte jener so lange geplante Ausflug in die Berge stattfinden, doch ohne Mileva, weil Tete gerade eine Kinderkrankheit bekommen hatte. An einem sonnigen Morgen machte sich die Reisegesellschaft auf den Weg: Marie Curie mit ihren beiden Töchtern, der sechsjährigen Irène, der neunjährigen Eve und deren Gouvernante, Albert Einstein und Hans Albert, der neun Jahre zählte. Alle waren heiter und jeder auf seine Art angeregt. Eingehend beschreibt diesen Ausflug Eve Curie in ihrem Buch «Madame Curie». Auf den schneeigen Höhen, im strahlenden Gebirgssonnenlicht setzten die beiden Wissenschafter ihre Erörterungen über physikalische Probleme fort. Sie sprachen bald französisch, worin Einstein nicht besonders sicher war, bald deutsch, was Frau Curie Mühe machte. Sie schätzten einander sehr. Einstein nannte Frau Curie «den wahren Jakob» und betonte damit ihre ethische Einstellung. Es war eine nahe intellektuelle Kameradschaft. Einem Freund, Professor Heinrich Zangger, schreibt Einstein, sie sei eine glänzende Intelligenz, doch bei bestem Willen nicht anziehend genug, um irgend jemandem wirklich gefährlich zu werden.

Zwischen Mileva und Marie entwickelte sich ein freundschaftliches Verhältnis mit viel gegenseitigem Verständnis. Sie sprachen über die zeitgenössische Wissenschaft, über häusliche Angelegenheiten, über ihre Kinder, in allem aufrichtig und natürlich. Marie war bereits berühmt und älter als Mileva, und doch nahte sie sich ihr mit Respekt. Mileva freute sich über jede Zusammenkunft mit ihr.

Sobald sich Tete soweit erholt hatte, dass er fremder Obhut anvertraut werden konnte, schloss sich Mileva den Ausflüglern an und setzte die Reise mit ihnen fort. Am 6. August schickt die Familie Einstein der Familie Hurwitz eine Karte vom Malojapass mit den Unterschriften «A. Einstein, M. Einstein und Albertli.»

Milevas Hoffnung, die Rückkehr in die Schweiz werde in ihrem Familienleben alles wieder in Ordnung bringen, hatte sich nicht erfüllt. Einstein hatte sich ebenfalls angewöhnt, zu Hause zu schweigen. Er musizierte mehr denn je. Die Musik bedeutete ihm seit jeher viel. Schon mit sechs Jahren hatte er begonnen, Violine zu spielen, doch war ihm das Üben verhasst, ehe er Mozarts Werke kennenlernte. Seither übte er mit grossem Eifer und brachte es zu wirklicher Virtuosität. Die Musik füllt einen grossen Teil seines Lebens aus.

Mit den Studenten stand er in einem menschlich schönen Verhältnis. Er half ihnen in der Arbeit und leitete sie zur Selbständigkeit an, damit sie das Wesentliche der Erscheinungen und deren Zusammenhang sehen lernten. Er wollte das Studium so gestalten, wie er und Mileva es sich in ihren Studienjahren gewünscht hatten. Doch konnte er auch sarkastisch, ja äusserst unangenehm sein. Er hing von seinen momentanen Stimmungen ab und konnte oder wollte sie nicht beherrschen.

Im Sommer 1913 kamen Max Planck und Walther Nernst nach Zürich, um zu prüfen, ob Einstein gewillt sei, nach Berlin zu kommen.

Die Spannung zwischen Albert und Mileva verstärkt sich. Sie fühlt, dass er ihr gewisse Dinge und Absichten verschweigt, doch hofft sie immer noch, das werde vergehen. Man neigt dazu, das zu glauben, was man wünscht. Von dieser Schwäche war auch Mileva nicht frei, trotz aller sonstigen Nüchternheit.

Lisbeth schreibt am 22. August 1913, ihr Vater, sie und Einstein hätten sich auf der Veranda photographiert, später seien auch Grossmann sowie Frau Einstein hinzugekommen und man habe sich zu einem Ausflug in die Berge verabredet. Der Vater habe Einstein gebeten, am nächsten Tag zu kommen.

Einstein war bereits so berühmt, dass man einzig um ihn zu sehen nach Zürich kam, und er gefiel sich sehr darin. Lisbeth bemerkt am 23. August, Einstein sei begeistert gewesen, dass ihr Onkel Siegfried eigens von Luzern kam, um ihn zu sehen.

Anfang September ging Mileva mit den Söhnen nach Novi Sad. Hier liess sie, dem Wunsche des Vaters entsprechend und vom Bruder überredet, beide taufen. Die Taufe fand am 21. September 1913 in der Nikolaus-Kirche statt. Taufpate der beiden war Dr. Lazar Marković, ein bekannter Arzt. Getauft wurden sie vom Pfarrer Teodor Milić.

Tima Galić, ein Vetter Milevas, erinnerte sich später noch an diese Taufe. Eduard zählte damals drei Jahre und lief in der Kirche umher, so dass ihn Milevas Bruder Miloš knapp vor dem Altar erwischte, um ihn zur Taufe zu führen. Beide Knaben waren im Elternhaus ihrer Mutter und bei den Nachbarkindern unter anderen Namen bekannt, Albert als «Buja» und Eduard als «Tete», was daher kam, dass Milevas Mutter ihn kosend «Dete», Kind, genannt hatte, was «Buja» wie «Tete» aussprach. «Buja» war ein übermütiges Kind, er und seine Altersgenossen gerieten einander manchmal in die Haare. «Tete» war zart und lieblich, der allgemeine Liebling. Der Name «Tete» verblieb ihm auch in der Schweiz; auch Lisbeth Hurwitz nennt ihn so.

Ende September 1913 teilt Einstein seinem Freunde Hurwitz mit, seine Frau sei mit den Kindern von ihrem Ferienaufenthalt «in Serbien» zurückgekehrt, und zwar mit dem Ergebnis, dass beide orthodoxe Christen geworden seien. Er fügt hinzu: «Na ja, mir kann's egal sein.» Zu jener Zeit war er dem Religiösen und Nationalen gegenüber gleichgültig, denn damals war er atheistisch gestimmt und noch nicht Zionist.

Im November 1913 war Einstein mit Mileva in Wien, wo er an der Tagung der Naturforscher und Ärzte einen Vortrag über seine neue Auffassung der Schwerkraft hielt. Abgesandte aus Berlin hatten ihm im Sommer äusserst anziehende Vorschläge für seine eventuelle Übersiedlung nach Deutschland gemacht. Man bot ihm die Stelle des Direktors des Kaiser-Wilhelm-Instituts für Physik sowie die Mitgliedschaft an der Preussischen Akademie der Wissenschaften an, dazu unerhörte Einkünfte. Dem konnte er nicht widerstehen, wobei auch persönliche Gründe mitwirkten. Als besondere Empfehlung für die Preussische Akademie der Wissenschaften diente sein berühmtes Werk aus der Berner Zeit, die Abhandlung über die «Elektrodynamik bewegter Körper».

Mileva jedoch möchte Zürich nicht verlassen und sieht überhaupt nicht ein, warum man nach Berlin ziehen soll. Sie will ihm jedoch nicht im Wege stehen. Die beiden entfremden sich einander immer mehr.

Nach seiner Zusage wurde er am 20. November 1913 zum ordentlichen Mitglied der physikalisch-mathematischen Klasse der Preussischen Akademie der Wissenschaften ernannt. Darüber sprachen drei Tage später, wie Lisbeth vermerkt, Einstein und seine Frau bei Hurwitz. Am 7. Dezember nahm Einstein Berufung und Ernen-

125

nung an, mit der Erklärung, er wolle sein neues Amt im April 1914 antreten. Die Konzerte bei Hurwitz finden fortan nur noch einmal monatlich statt.

Einsteins Gefühle für Deutschland waren sehr gemischt; Mileva kannte sie. Ausser der Hochachtung für die deutsche Wissenschaft banden ihn daran auch die kleinen Freuden der Kindheit. Dort, in einem Münchner Hof, hatte er mit Küken gespielt, die er leidenschaftlich liebte. Dort hatte ihn der Kompass bezaubert und so vieles andere unvergessliche. Aber ebenso kannte Mileva auch seinen Hass gegen die unbarmherzige militärische Strenge, die dort das Leben beherrschte. Auch sie kannte die Freude, durch Flaumfedern hindurch ein Herz klopfen zu hören. Auch sie hatte gespielt und getanzt in der Ebene der Bačka, doch für sie bildeten diese Erinnerungen keine Brücke zur österreichisch-ungarischen Monarchie. Sie war gegen Alberts Weggang nach Berlin. Als er das Angebot annahm, war sie schmerzlich berührt, doch nicht überrascht.

Am 23. Dezember 1913 musiziert man bei Hurwitz. Auch Mileva ist anwesend. Eine Woche später schreibt Lisbeth, Professor Adolf Gasser vom Technikum Winterthur sei zu ihrem Vater gekommen, um Einstein zu hören und mit Professor Polya zusammenzukommen. Am 16. März 1914 wechselt Lisbeth zur französischen Sprache: «C'était la dernière fois que M. Einstein jouait chez nous (Quintette de Schumann, moi comme 2e violon, Quartette de Mozart). Bientôt il va partir pour Berlin.» Mileva sitzt allein und schweigt den ganzen Abend. Man spielt, was ihr am liebsten ist, doch ist es das letztemal vor dem Abschied, den sie fürchtet. Ihr Herz zieht sich beim Gedanken zusammen, dass sie auch diesen schönen Stunden fortan wird entsagen müssen.

Der so ersehnte Aufenthalt in Zürich hat wenig mehr als anderthalb Jahre gedauert. Von den grossen Hoffnungen hat sich wenig erfüllt. Schön waren die Reisen, die Ausflüge in die Alpen, der Aufenthalt im sonnigen Tessin. Zu Hause hält sich Albert wenig auf, er ist von seiner Lehrtätigkeit enorm in Anspruch genommen. Zwischen ihm und den Studenten herrscht ein so vertrautes Verhältnis, dass sie ihn mit ihren Problemen auch zu Hause aufsuchen. Viel Zeit verbringt er mit ihnen und mit

Bekannten auch im Kaffeehaus; doch die liebste Erholung ist ihm die Musik. Mileva war am zufriedensten, wenn sie mit ihren Söhnen seinem Spiel lauschen oder ihn auf dem Klavier begleiten konnte. Sein Ruhm und seine Popularität machten ihr Freude, weil sie wusste, dass das ihn beglückte.

Der ältere Sohn war körperlich und geistig harmonisch entwickelt, ein guter Schüler, der die Musik liebte und bereits gut spielte. Der kleine Tete war zart und kränkelte oft. In Prag hatte Mileva dem Klima die Schuld gegeben, doch wurde es in Zürich nicht besser. Sie war viel mit ihm, wärmte ihn mit ihrer liebevollen Anwesenheit. Er entwickelte sich ganz anders als sein Bruder. Mileva bedurfte keines fremden Rates mehr in der Kindererziehung, auch pädagogische Lektüre hätte ihr hier nichts genützt, denn dieser Knabe entwickelte sich sehr sonderbar. Lesen lernte er von selbst, und er behielt alles im Gedächtnis, was ihm wichtig und interessant war. Das machte Mileva Sorgen, und sie versuchte, die Entwicklung seiner Fähigkeiten zu verlangsamen. Sie selbst las viel, hauptsächlich Physikalisches, denn sie wollte der jetzt so raschen Entwicklung dieser Wissenschaft folgen; wohl gingen die Ansichten der Physiker vielfach auseinander, doch glaubte sie, das sei nur vorübergehend.

Mileva wusste, dass gerade während ihrer Studienzeit in der Physik ein Stillstand fühlbar gewesen war. Gewisse Erscheinungen und Erfahrungen konnten nicht recht in die herrschenden, eingewurzelten und dogmatisierten Auffassungen eingefügt werden. Damals hatte sich in Europa der Positivismus und Phänomenalismus entwickelt (Mach), in Amerika der Pragmatismus, dessen hervorragendste Vertreter William James (1842–1910) und John Dewey (1859–1953) waren; letzterer fast ein Instrumentalist, ein Gegner jeder Intellektualität in der Physik. Wert habe, meinte er, nur was einem Zweck diene.

Mileva wurde durch die Unruhe dieser verschiedenen Strömungen an die Brownsche Bewegung in Flüssigkeiten erinnert. Sie vermochte die Wichtigkeit dieser Abweichungen von bisherigen Auffassungen zu begreifen. Sie kannte den Wert des Neuen, das die Relativitätstheorie ins zwanzigste Jahrhundert brachte. Besonderen Eindruck machte auf sie der aus Neuenburg stammende Berliner Physiologe Emil Du

Bois-Reymond (1818–1896), der die Physik des Stoffwechsels erforschte, ein Problem, das sie auch in ihren späteren bescheidenen botanischen Versuchen beschäftigte. Sehr tief wirkte auf sie sein berühmter Vortrag «Über die Grenzen des Naturerkennens» (1872), den sie wiederholt las und immer wieder überdachte. Was geschieht eigentlich im Raum, wo Kräfte wirken, und wie kann die Materie im Menschenhirn denken und fühlen? Das waren die Hauptfragen, mit denen sich die schweigsame Mileva befasste, die Mathematikerin, aber nicht Philosophin war.

Trennung

Im April dieses für so viele ganze Völker verhängnisvollen Jahres 1914 kam die Familie Einstein nach Berlin und nahm in Dahlem Wohnung. Mileva befasste sich mit ihrem Haushalt. Diese Stadt, dieses Land waren ihr verhasst. Freunde hatte sie keine, und der unversöhnliche Hass von Alberts Familie wurde hier fast sinnlich wahrnehmbar.

Hans Albert besuchte die Schule und klagte von allem Anfang an über die steife Strenge und die Memoriermethode des Lernens. Er sagte: «Man lehrt uns nur eines: soviel und so buchstäblich als möglich zu memorieren.» Sein Vater kannte das nur allzu gut von seiner Münchner Schule her. Tete blieb noch bei der Mutter. Er war ein ausserordentliches Kind und jetzt das einzige holde Licht im Dunkel ihrer Einsamkeit. Die Musik liebte er leidenschaftlich. Seine Gespräche mit der Mutter, zu Hause und auf langen Spaziergängen, waren ganz ungewöhnlich für ein Kind von vier Jahren. Ernst beurteilte er alles in seiner Umgebung. Seine genialen Abweichungen vom Üblichen beunruhigten Mileva nach wie vor.

Nach Schulschluss, im Juli, ging Mileva mit den Kindern in die Ferien nach Zürich. Albert hatte in Berlin nahe Verwandte, mit denen er herzliche Beziehungen pflegte. Mileva war dieser Kreis nicht zugänglich, denn da wollte man ihre Ehe mit Albert nicht anerkennen. Sie selbst wünschte auch keine Annäherung, doch begann sie im Benehmen ihres Mannes einen Einfluss zu spüren, der ihr fremd und unangenehm war. Albert blieb in Berlin. Er hatte seine Familie, die im September nach Berlin zurückkehren sollte, nur auf der Reise begleitet; doch scheint es, dass die Rückkehr schon damals ungewiss war. Die Weltereignisse trugen dann zur Lösung dieser Frage bei.

Österreich-Ungarn hatte Bosnien-Herzegovina, das es seit dem Berliner Kongress 1878 okkupiert hielt, 1908 annektiert und dadurch wachsende Empörung unter den Slaven hervorgerufen. Dass 1914 ein offizieller Besuch des Thronfolgers Franz Ferdinand in Sarajevo gerade am «Vidovdan», dem Tag der vielbesungenen Schlacht der Serben gegen die Türken auf dem «Amselfeld» (1389) stattfinden sollte, mit Manövern und Empfängen, empfanden die Serben als Herausforderung. Es bildete sich eine Verschwörung junger bosnischer Serben, und Franz Ferdinand fiel ihr mit seiner Frau zum Opfer. Österreich stellte Serbien ein unannehmbares Ultimatum, das zum Kriegszustand zwischen den beiden Ländern führte und den Ersten Weltkrieg auslöste.

Mileva blieb mit den Kindern in der Schweiz, abgeschnitten von ihrem Manne wie von ihrer elterlichen Familie in Österreich-Ungarn. Sie beschwor Albert, in die Schweiz zurückzukehren; doch er antwortete, der Krieg habe keinen Einfluss auf seine wissenschaftliche Tätigkeit in der Preussischen Akademie. Ihr riet er, in Zürich zu bleiben, da er wünsche, dass seine Söhne in diesem freien Lande und unter ihrer Aufsicht aufwüchsen. Eine Wiedervereinigung mit der Familie erwähnte er nicht, noch fragte er nach ihren Wünschen und Plänen. Sie glaubte zuerst, die wissenschaftliche Arbeit sei wirklich das einzige, was ihn in Berlin hielt, und sie wusste ja, dass diese stets die erste Stelle einnahm.

Mileva wohnte mit den Kindern in einer Pension an der Bahnhofstrasse 59, da sie ihren Aufenthalt in Zürich, ohne Albert, als vorübergehend betrachtete. Es war schwer, sich mit der Tatsache abzufinden, dass er sie in diesem schrecklichen Krieg verlassen und ihr die Sorge für seine Kinder allein überbürdet hatte, dazu noch ohne irgendwelche sichere Einkünfte. Seine Überweisungen waren unregelmässig und unzureichend, und das bedrückte sie noch schwerer als der Mangel selbst. Um alles

Mileva Einstein mit ihren Söhnen in Berlin 1914

in der Welt wollte sie ihren Vater nicht um Hilfe bitten, ihre Familie durfte nichts von ihren Schwierigkeiten erfahren.

Wieder finden wir in Lisbeths Tagebuch Anmerkungen über die Familie Einstein: Am 13. August 1915 kommt Mileva mit ihren Kindern zum Kaffee. Einstein hat sich, seit er in Berlin ist, der Familie immer mehr entfremdet, besonders unter dem Einfluss seiner Cousine. Was soll daraus werden? Die Kinder sind so lieb, besonders der Kleine ist so lebhaft und lustig. Man begleitete sie eine Strecke auf dem Heimweg.

Schon seit längerer Zeit kann Mileva die Pension nicht mehr bezahlen. Aber ihr Mann ist der einzige, dem sie davon etwas sagt; sie bittet ihn, ihr regelmässig Geld zu schicken, denn die Kinder dürfen nichts von dem Elend erfahren. Es ist ihr wie ein Spiessrutenlaufen, wenn sie am Besitzer oder am Kassier der Pension vorbei muss. Sie stiehlt sich möglichst dann durch die Korridore, wenn niemand da ist. Sie besucht ihre Freunde, doch vertraut sie ihnen ihre Not nicht an. Am besten ist es, wenn sie mit den Kindern Zürichs schöne Umgebung durchstreift. Am 23. August gehen sie mit der Familie Hurwitz zum Degenried und zum Elefantenbach. Frau Einstein, so schreibt Lisbeth, bemerkt, sie würden diesmal nicht in die Sommerferien gehen.

Am liebsten weilt sie im Wald. Dort besucht sie kleine Gasthöfe, wo die Kinder essen, während sie hungert. Das aufrechte Leben der Bäume und das liebliche Vogelgezwitscher stärken ihren Mut, doch die Nächte sind schlimm. Während die Kinder, in gesunder Ermüdung tief schlafen, sitzt sie da, den Kopf auf die Hände gestützt, und denkt darüber nach, wie sie ihr Auskommen finden wird, solange der Krieg weitergeht.

Am 17. September 1914 lassen die Hurwitz in der Pension Musiknoten für Mileva zurück: Sie möchte Privatstunden geben, doch wie kann sie die Kinder allein lassen? Dennoch leiht sie Noten für Anfänger aus, welche die Kinder Hurwitz nicht mehr brauchen. Doch bei aller Sparsamkeit schmilzt das Geld dahin. Da wendet sie sich an ihre Freundin Ruža Sonderegger-Šaj und bittet sie unter strengster Diskretion um ein Darlehen.

Eduard (Tete) Einstein und Hans Albert (Buja) auf einem Ausflug

Am 20. September erzählt sie bei den Hurwitz, dass die bekannte deutsche Schriftstellerin Ricarda Huch an der Höheren Töchterschule ihre Lehrerin war.

Endlich kommt Geld aus Berlin, und sie mietet sofort eine Wohnung an der Voltastrasse 30 und beginnt Mathematikstunden zu geben. Sobald die Möbel aus Berlin da sind, will sie auch Klavierstunden geben. Sie fühlt sich etwas erleichtert. Zu Neujahr lädt sie die Familie Hurwitz zum Tee ein. Tannenbaum, Kuchen, Spielzeug. Professor Einstein hat den Kindern Gesellschaftsspiele geschickt und versprochen, für die Familie zu sorgen. «Wenigstens das!» sagt Lisbeth nicht ohne Entrüstung, obwohl Mileva sich ihnen gegenüber nicht beklagt hat.

Im Jahre 1915 herrscht sonderbares Wetter. Im März liegt noch viel Schnee in den Niederungen. Bei dichtem Schneegestöber begleitet Mileva mit Tete den älteren Sohn zur Schule, und auf dem Rückweg macht sie die nötigen Einkäufe. Jetzt wohnen sie an der Gloriastrasse 59. Auch die Möbel sind angekommen, und so ist wenigstens in der Wohnung alles in Ordnung. Die Kinder sind satt und haben eine warme Stube. Sie wird genug verdienen, um nicht ganz von Alberts Unterstützung abhängig zu sein.

Am 7. März kommt Mileva mit den Kindern bei tiefem Schnee zu Hurwitz. Sie interessiert sich für das neue Lehrbuch der italienischen Sprache, nach dem Lisbeth lernt, und leiht es sich aus. So wird sie Anfängern auch Italienischstunden geben können und dabei selbst etwas Neues lernen. Alberts Geburtstag war seit jeher ein Festtag für sie, und auch jetzt kauft sie Geschenke, um sie nach Berlin zu schicken. Am 14. März trifft Lisbeth sie im Tram mit den für ihn bestimmten Geschenken.

Ein Jahr nach dem Abschied von Berlin kam Albert nach Zürich. Mit den Buben, doch meist ohne Mileva, machte er weite Spaziergänge; mit Hans Albert auch Reisen bis nach Süddeutschland. Sie reisten mit dem Rucksack und stiegen in billigen Gasthöfen ab. Sie führten lange Gespräche, doch als der Sohn den Vater fragte, ob sie nun alle nach Berlin zurückkehren würden, antwortete er nur ausweichend, das Leben sei jetzt in Deutschland sehr schwer, auch mit der Schule stehe es nicht gut. Er wünsche, dass er ein Gelehrter werde wie der Vater und dass er und Tete ihre Schul-

134

bildung in der Schweiz erhielten. Als die beiden von der Reise zurückkehrten, verlangte Mileva vergebens eine klare Antwort auf ihre Frage nach seinen Zukunftsplänen.

Seine Geldsendungen aus Berlin blieben unregelmässig und ungenügend, denn die Überweisung wurde immer schwieriger und die deutsche Mark wurde katastrophal entwertet. Mileva gab Mathematikstunden und Klavierstunden, hielt Pensionsgäste und machte Schulden. Die von Freunden herzlich angebotene Hilfe schlug sie aus, weil sie nicht wusste, wann und ob sie ihnen das Geliehene zurückgeben könne. Doch ihren Kindern bot sie das Allerbeste, sie durften nichts von ihrem ständigen Kampf mit Entbehrungen wissen. Zuerst gab sie auch ihnen Musikunterricht, doch als sie Tetes grosse Musikbegabung erkannte, liess sie ihn bei den besten und teuersten Lehrern Stunden nehmen.

Sie glaubte noch immer, sie könne mit Albert über etwas sie tiefer Berührendes reden. So schrieb sie ihm, ihr einziger Bruder, der Arzt Miloš, der als Sanitätsoffizier im österreichischen Heere diente, sei an der russischen Front verschollen, vor Kummer sei ihre Mutter schwer erkrankt. Einstein reagierte darauf überhaupt nicht. Da reiste Mileva zu ihrer Mutter und besuchte auch die Verwandten in Titel. Sie erfuhr, Albert sei zu seiner Cousine Elsa gezogen; doch gab sie noch immer die Hoffnung nicht auf, er werde zurückkehren. Auch ihm war nicht leicht zumute: Elsa und ihre beiden Töchter umgaben ihn mit der grössten Fürsorge; einmal musste er schliesslich seine Wahl treffen und sich entschliessen, wem er sich zuwenden wollte. So etwas fiel ihm stets schwer, und jetzt befand er sich in einem verzweifelten Dilemma. Die Zürcher Freunde widerrieten ihm die Ehescheidung. Heinrich Zangger, von dem Einstein sagt, dass er «ein geradezu unfehlbares Verständnis für objektive und psychologische Situationen» hatte, erinnerte ihn an seine Vaterpflichten, an die Verantwortung, die er auf sich genommen hatte, als er eine Familie gründete.

Nach langem peinlichem Zögern und neuen Kämpfen siegte der unmittelbare Einfluss des Behagens in einer ihm in jeder Hinsicht verwandten Umgebung. Er schrieb an Mileva und verlangte die Scheidung. Der Brief enthielt die Versicherung, er werde

135

ihr auf seine Art stets treu bleiben. Dieser Brief war die Antwort auf ihre in Zürich gestellte Frage, die er damals nicht zu beantworten vermochte, weil er mit sich selbst noch nicht im reinen war. Vielleicht waren jene seltsamen letzten Worte der Grund, warum sie diesen Brief aufbewahrte. Er wurde, vergilbt und zerknittert, in ihrem Nachlass gefunden. Sie zeigte ihn ihren Söhnen, die nicht überrascht waren, da sie immer geahnt hatten, der Vater werde nicht zurückkehren.

Die Freunde waren an ihrer Seite. Doch sie verstand ihren Mann besser als irgendwer. Erbittert war sie nur gegen Elsa. Sie hatte sie schon früher kennengelernt und sie nie gemocht, geschweige denn ihr vertrauen können. Sie wusste auch, dass Einstein sich diesmal nicht auf ihren Instinkt verlassen würde, wie er es in anderen Dingen so oft getan hatte.

Elsa war Witwe und mit Einstein doppelt verwandt. Ihre Väter waren Cousins, ihre Mütter Cousinen zweiten Grades. Als Kinder waren sie Gespielen und einander stets sehr sympathisch gewesen. Die Verwandten hatten die neuerliche Annäherung eingeleitet und gefördert, nachdem sie schon seit Jahren an der unansehnlichen, uneleganten Mileva genörgelt hatten, die eines so berühmten Mannes nicht würdig sei.

Scheidung

Elsa war um fünf Jahre älter als Einstein. Sie liebte Glanz und war an das Leben in einflussreichen Kreisen gewöhnt. Nach Milevas Abreise aus Berlin war er vereinsamt; Elsa umgab ihn mit ausgesuchter Aufmerksamkeit und mit der wohligen Atmosphäre seiner Kindheit. In ihrem Heim lebte man sorglos, man war mit allem versehen, so dass er sich ganz frei seiner Arbeit widmen konnte, die jetzt seiner Allgemeinen Relativitätstheorie galt, die 1916 in den Hauptzügen vollendet war. Mileva hatte geglaubt, er werde dennoch zurückkehren, denn ihre eigene Liebe zu ihm, ihr Glaube an ihn waren unvernichtbar.

Bei den Ihren in Novi Sad war es sehr traurig. Die Mutter war aus Kummer über das Verschwinden des Sohnes schwer erkrankt, und so tat ihr die Ankunft Milevas äusserst wohl. Doch diese wurde nun Zeugin der übergrossen Leiden der Serben, denen man mit Vernichtung drohte. Die Rückreise durch ein Land im Kriegszustand war äusserst beschwerlich. Zu Hause fand sie Alberts Brief vor, der verriet, dass er nicht den geringsten Anteil an ihren Leiden nahm, dass er jetzt ein ihr vollkommen fremdes Leben führte. Sie fühlte, dass jene zarten Fäden abgerissen waren, die zwei Seelen so wundersam aneinanderbinden. Sie wusste jetzt, dass die Trennung endgültig war, dass sie auf immer den verloren hatte, dem sie alle ihre Fähigkeiten, Träume, Bestrebungen untergeordnet hatte.

Zu Ostern 1916 kam Einstein nach Zürich: Die Begegnung war eine Katastrophe. Einstein traf die unwiderrufliche Entscheidung, Mileva nie mehr zu sehen; Hans stellte den Briefverkehr mit seinem Vater ein, als dieser nach Berlin zurückgekehrt war. Als Mileva krank wurde und im Sommer ein weiterer Besuch in Zürich zur Debatte stand, legte Einstein seinen Ärger in einem langen Brief an Besso nieder, der fortan als ehrlicher Makler zwischen den beiden Eheleuten fungierte. Wenn er nach Zürich käme, sagte er, würde Mileva nach ihm verlangen und er würde ablehnen müssen, teils wegen seines früheren Entschlusses, teils um einer Szene aus dem Weg zu gehen. Anders wenn seine Frau ins Krankenhaus müsste. Dann würde er sie besuchen – und die Kinder auf neutralem Boden treffen. Sonst «nein» (R.W. Clark).

Als auch noch die schriftliche Bestätigung kam, der Brief mit der Scheidungsforderung, war sie wie niedergemäht und wurde schwer krank. Sie schickte die Buben zu ihrer Freundin Helene, die mit Mann und Kindern aus dem von Feinden besetzten Serbien nach Villars-sur-Beaumont bei Lausanne geflohen war. Helene war Wienerin, doch hatte sie die Heimat ihres Mannes aufrichtig lieb gewonnen. Jetzt, als Flüchtlinge, hatten sie es auch nicht leicht, doch nahmen sie Milevas Söhne auf und liessen sie, was sie hatten, mit ihren eigenen Kindern teilen. Hans Albert und Tete blieben drei Wochen. In dieser Hinsicht konnte Mileva einstweilen beruhigt sein. Doch war ihre Verzweiflung so stark, dass sie kaum an die Kinder dachte. Alles, wofür sie gelebt, dem sie sich freudig geopfert hatte, war ihr verlorengegangen und damit auch der Glaube an Sinn und Wert ihrer Kämpfe und Entsagungen. Sie war am Rande des Todes und würde nie wieder die Beschwerden ihrer Krankheit los. Sie verbrachte ihre Tage in vollster Einsamkeit, wenn auch Freunde kamen und gingen: niemand konnte mit ihr in wahre Berührung kommen. Es war wie ein Sterben, und ein jeder stirbt allein.

Am 17. Juli 1916 schreibt Lisbeth, ihre Mutter habe Frau Einstein besucht, die schon vierzehn Tage daheim an schweren Herzanfällen darniederliege. Aber als der Arzt glaubte, das Ende sei da, raffte sie sich auf und nahm mit gewohnter Tapferkeit die Last der Verantwortung für die zwei Lebensflämmchen auf sich, die von ihr abhin-

138

gen. Mit letzter Willenskraft und voller Reue darüber, dass sie sich zuviel um sich selbst und ihre Beschwerden gekümmert hatte, warf sie alle Sorge um sich ab und rief die Kinder wieder zu sich.

Doch die Krankheit kehrte sich nicht an ihre Vorsätze, und so musste sie ins Theodosianum, ein von katholischen Schwestern geleitetes Spital gebracht werden. Nach einem Besuch bei Mileva notiert Lisbeth, die Herzanfälle seien in der letzten Woche sehr stark gewesen.

Der unermüdliche Freund Professor Zangger, der offenbar sah, woher ihre Krankheit kam, bemühte sich, Einstein an die Zürcher Universität zurückzuholen, weil er glaubte, das würde ihn von den Berliner Einflüssen befreien und seinem alten Heim zuführen. Albert wurde etwas schwankend, doch schliesslich lehnte er mit der Begründung ab, er könne an den Berliner Kollegen nicht so unkorrekt handeln.

Am 8. September 1916 schreibt Albert Einstein von Berlin aus Helene Kaufler-Savić einen sehr kameradschaftlichen, äusserst intimen und philosophischen Brief in französischer Sprache mit einigen kleinen orthographischen Fehlern (1980 auf einer Auktion in New York versteigert, seither verschwunden und nur in der serbischen Version der Autorin zugänglich):

«Meine liebe Helene.

Ihr Brief hat mir viel Freude bereitet, erstens weil Sie mir im Detail über meine Buben schreiben, sodann auch deshalb, weil Sie mich nicht dem äusseren Anschein nach verurteilen, was die Mehrheit meiner Bekannten tut. Die Trennung von Mica war für mich eine Sache des Überlebens. Unser gemeinsames Leben ist unmöglich, ja depressiv geworden. Weshalb, vermag ich nicht auszudrücken. So habe ich meine Buben, welche ich trotz allem zärtlich liebe, aufgegeben... Zu meinem tiefsten Bedauern habe ich bemerkt, dass meine Kinder meine Wege nicht verstehen und eine Art Groll gegen mich hegen. Ich finde, obwohl es schmerzlich ist, dass es für ihren Vater besser ist, sie nicht mehr zu sehen. Ich werde zufrieden sein, wenn sie redliche und geschätzte Menschen werden; alles deutet darauf hin, dass es auch so sein werde, denn sie sind begabt und ungeachtet des Umstandes, dass ich keinen Einfluss auf

ihre Erziehung und ... haben werde. Ich habe grosses Vertrauen in ihre Mutter ...
Micas Krankheit hat mich beunruhigt; glücklicherweise hat sie sich jetzt völlig
erholt. Trotzdem *ist* und wird sie immer auch meinerseits ein von mir amputierter
Teil *bleiben*. Ich werde mich ihr nie mehr annähern. Meine Tage werde ich ohne sie
beenden. Ich denke, dass Mica eine Zeitlang wegen ihrer grossen Zurückgezogenheit
leiden wird; auch ihrer Eltern und ihrer Schwester wegen, mit denen sie harmonisch
gelebt und dabei ihre eigenen Fähigkeiten völlig ignoriert hat. Sie können ... sehr
nützlich sein, wenn Sie ihr helfen, die Zeit ihrer Verzweiflung zu überwinden...
Bemitleiden Sie mich nicht. Trotz meiner äusseren Probleme verläuft mein Leben in
perfekter Harmonie. Alle meine Gedanken sind auf das Denken gerichtet. Ich glei-
che einer ... Person, begeistert von weiten Horizonten, die nur gestört wird, wenn ein
undurchschaubares Objekt sie in der Betrachtung hindert.»
Unterdessen litt Mileva unter der strengen Regelung des Spitallebens. Am 25. Oktober schreibt Lisbeth, Frau Einstein würde bald nach Hause können. Das geschah auf
ihr Verlangen, doch geheilt war sie nicht; nur die physischen Symptome ihrer inneren
Qualen konnten teilweise beseitigt werden.
Am 2. Mai 1917 notiert Lisbeth wieder einen Krankenbesuch bei Mileva, diesmal im
Bethanienheim, einem Spital, das von protestantischen Diakonissen betreut wird.
Die landläufigen Vorschriften, die schwere Krankenhausatmosphäre herrschten
auch da. Mileva blieb einen Monat und kehrte, immer noch leidend, in ihre Wohnung
zurück, wo sie vom Balkon Tag und Nacht das Leben der Stadt und die fernen
schneeigen Höhen betrachten, die frische Luft einatmen konnte. Während sie im
Bethanienheim war, wohnte Tete mit ihr, während Hans Albert bei Zanggers war.
Am 5. Juni 1917 trafen die Hurwitz Mileva im Bett auf dem Balkon, wo sie damals
auch die Nächte verbrachte. Tete las bereits mit sechseinhalb Jahren Hauffs Märchen. Sie selbst war nur ein wenig älter gewesen, als sie diese Märchen gelesen hatte,
und zwar in einer fremden Sprache. Sie dachte viel über das Leben nach. Wieviel
Zeit und Mühe kostet es, sein Leben sinnvoll aufzubauen, und wie rasch kann alles
zerstört werden! Sie erkannte auch, wieviel physische und seelische Kräfte eine

Krankheit vernichten kann. Noch tragischer erlebte sie eine solche Verwüstung bei ihrem eigenen Kinde, bei ihrem Liebling. Das führte sie zur vollen Resignation.

Den August und September verbrachte Mileva im Krankenhaus, dann schrieb sie ihrer Mutter, sie möge kommen, um sie zu pflegen. Doch die Mutter war, seitdem ihr Sohn vermisst war, selbst zu kränklich, um eine so weite Reise zu machen; ausserdem wusste sie ja nicht, wie schlimm es mit Mileva stand. So schickte sie ihr im August die jüngere Tochter Zorka. Auf Lisbeth machte sie einen höchst soliden Eindruck; sie bemerkte aber, sie hinke noch stärker als Mileva (4. November 1917).

Zorka blieb fast drei Jahre bei ihrer Schwester. Gegen das Ende ihres Aufenthaltes bemerkte Mileva gewisse Veränderungen in ihrem Benehmen. Gut und opferfreudig der Schwester gegenüber, äusserte sie sonst nur Menschenhass. Milevea erklärte sich ihr Verhalten als Folge der Kriegserlebnisse, die einen wohl an der Menschheit verzweifeln lassen konnten. Doch dann begann Zorka plötzlich zu singen und ohne Veranlassung zu lachen. Mileva brachte sie zu einem Arzt, doch da gab es, wie es schien, nichts zu kurieren. Da sie nicht wagte, Zorka allein zurückkreisen zu lassen, bat sie den Vater, zu kommen. Ihm teilte sie ihre Befürchtungen um die Schwester mit, doch von sich sagte sie nichts.

1918 kam Zora Zega aus Belgrad nach Zürich zum Studium. Damals war es Brauch, dass man durch jemanden, der eine Reise in die Ferne unternahm, den dort lebenden Verwandten und Freunden Grüsse und Geschenke überbringen liess. Obwohl das im Krieg schwer verwüstete Belgrad eben erst befreit worden war, schickten die Freunde Milevas neben Grüssen auch kleine Geschenke. Zora überbrachte sie ihr. Als sie läutete, machte ihr eine kleine Frau mit einem sehr sympathischen, geröteten Gesicht, eine weisse Schürze umgebunden, die Türe auf – es war Mileva. Zora sagte ihr, wer sie sei und dass sie ihr Grüsse aus Belgrad bringe. Mileva freute sich und bat sie, einzutreten und einen Augenblick zu warten, damit sie das elektrische Bügeleisen abschalten könne, denn sie war gerade mit Plätten beschäftigt. «Und dann wollen wir uns in unserer Sprache unterhalten», sagte Mileva.

Im Gespräch interessierte sie sich für Belgrad, für ihre dortigen Freunde und die politische Situation im Land. Das war die erste Begegnung Zoras mit Mileva, der später noch viele folgten. Nach dem Abschluss ihrer Studien und nach ihrer Heirat war Frau Dr. Zora Keller-Zega die Präsidentin des Jugoslawischen Klubs in Zürich. Mileva war Mitglied, nahm an seinen Veranstaltungen teil, unterstützte alle seine Aktivitäten und war bei allen Manifestationen ihres Geburtslandes dabei. Bei einem Besuch bei Zora schaute Mileva durch das Fenster auf die Strasse und sagte düster: «Wie haben Sie es schön hier, ich möchte auch so wohnen.» Zora verwunderte sich: «Sie wohnen im schönsten Quartier von Zürich und haben eine herrliche Aussicht.» «Ja», sagte Mileva, «aber der Mensch ist so beschaffen, dass ihm immer scheint, die anderen hätten im Leben gerade das erwählt, was einen selbst beglücken könnte.» Um diese Zeit war Tete krank, und diese Wohnung befand sich in einem abgelegenen Haus mit einem Garten.

Am 14. Februar 1919 wurde seine Ehe mit Mileva gesetzlich geschieden, wegen «natürlicher Unverträglichkeit». Keines von beiden war bei der Verhandlung anwesend.

In den Sommerferien 1919 weilte die Familie Hurwitz am Bodensee. Hier begegneten sie am 14. Juli Einstein mit seinen Söhnen und beschlossen, nach Arosa zu gehen, wo Tete später ins Sanatorium sollte. Einstein sprach ausführlich von seiner Ehe und davon, dass die Scheidung die beste Lösung war; für die Kinder sei es am besten, sie blieben bei der Mutter, obwohl er für den jüngeren fürchte, weil Mileva tuberkulös sei; daher komme auch ihr Hinken.

Schon dass er sich in langen Gesprächen über seine Ehe erging, zeigt ihn grundverschieden von der vornehm schweigenden Mileva. Und nun gar ihre Tuberkulose! Er wusste, dass sie mit einer Hüftverrenkung geboren wurde, was bekanntlich nichts mit Tuberkulose zu tun hat. Dieses Gebrechen, dessen Ursachen noch nicht ganz aufgeklärt sind, pflegt sich fast ausschliesslich über die Mutterseite fortzuvererben, überspringt manchmal eine oder mehrere Generationen und taucht dann plötzlich wieder auf. Und bei aller Angst vor «Tuberkulose» überlässt Albert seine Kinder doch ihr.

In Arosa verzeichnet Lisbeth am 16. Juli, Einstein rudere mit Hans Albert. Tete werde im Kindersanatorium Pedolin bleiben. Mileva hatte Arosa für Tete gewählt. Die Wälder sind dort reich an allerlei Pilzen, und ihr machte es Freude, nach ihnen zu klettern. Dieses idealste Klima Europas sollte den zarten Knaben kräftigen. Der untere, geschütztere See ist im Sommer nicht zu kalt zum Baden.

Im selben Jahr trat, wie es scheint, bei Einstein ein Magengeschwür auf, von dem er sich nie mehr befreien konnte. Er wurde von Elsa und ihren beiden Töchtern gepflegt, die er später adoptierte. Anschliessend ging er zur Erholung und nahm beide Söhne nach Ahrenshoop an der Ostsee mit.

Nachher fuhren sie an den südlichen Bodensee, schliesslich nach Arosa, dann nach dem sonnigen Zuoz im Oberengadin, wo ihm ein Berliner Industrieller seine Wohnung überlassen hatte. Mit den Söhnen verbrachte er die Zeit auf Spaziergängen, mit Musik und in freundschaftlichen Gesprächen. Das hochgelegene Engadin mit seiner Alpenflora, seinem ungewöhnlich blauen Himmel und seiner reizenden Architektur gehört zu den schönsten Gegenden Europas. Doch die Höhe tat Einstein nicht gut; er bekam seinen ersten Herzanfall, von dem er sich erst nach mehreren Wochen erholte. Einen ähnlichen Anfall hatte er zwei oder drei Jahre später, in Caputh bei Berlin.

Um den Eindruck zu verbessern, den seine Ablehnung der Rückberufung nach Zürich hervorgerufen hatte und um seine Erkenntlichkeit zu bezeugen, hatte Einstein im Dezember 1918 eine Einladung des Erziehungsdirektors des Kantons Zürich mit dem Anerbieten beantwortet, im Lehrauftrag 24 Vorlesungen über die Relativitätstheorie zu halten. Sie begannen anfangs Februar 1919. Einstein wohnte in der Pension ‹Sternwarte› an der Uraniastrasse. Er besuchte Mileva und die Kinder, musizierte mit ihnen und fühlte sich in ihrem Kreise wohl.

Dazu gehörte auch die Malerin Dora Hauth (1874–1957), der Mileva ermöglichte, vor und nach dem Essen ihren geschiedenen Mann zu porträtieren, während er musizierte oder mit den Söhnen plauderte. Sooft er konnte, ass er bei Mileva, nahm nach dem Essen seine Geige und spielte zur Klavierbegleitung seines jüngeren Sohnes, wobei sein Gesichtsausdruck ihn weit abwesend zeigte, was für ihn stets charakteristisch war. So zeigt ihn auch Dora Hauths Bildnis.

Als die Ärztin Dr. Paulette Brupbacher ihn fragte, wo eigentlich sein Laboratorium sei, lachte er, zog seine Füllfeder hervor und sagte: «Hier».

Bei dieser Gelegenheit erzählte er, dass er aus New York ein Telegramm folgenden Inhalts erhalten habe: «Glauben Sie an Gott? – Stop – 50 Worte Antwort bezahlt.» Es kam vom New Yorker Rabbiner Herbert S. Goldstein, der gehört hatte, der Kardinal von Boston behaupte, Einstein sei Atheist. Einstein hatte geantwortet, er glaube an den Gott Spinozas, der sich in der Harmonie des Bestehenden offenbare, doch nicht an einen Gott, der sich in Menschenschicksale und Menschenwerke mische. So habe er nicht einmal 50 Worte gebraucht, hoffe jedoch, die Wissbegierde des Rabbiners befriedigt zu haben.

An diesen Gesprächen nahm Mileva nicht teil. Sie sass abseits und strickte oder flickte etwas für ihre Söhne.

Als er Helene Savić in Belgrad von seiner Ehescheidung berichtete, betonte er gleichzeitig sein volles Vertrauen in Milevas Erziehungsweise und überhaupt seine Hochachtung für ihre Fähigkeiten. Er kannte ihren intellektuellen und sittlichen Wert und wusste, dass gelegentliche Ausfälle seiner Söhne gegen ihn nicht von ihr beeinflusst waren. Im Gegenteil hielt sie ihnen bei jeder Gelegenheit vor, sie sollten auf ihren Vater stolz sein. Wenn sie etwas an ihm tadelten, so kam das aus ihrer eigenen Beobachtung.

Nachdem Einstein seine Vorlesungsfolge in Zürich abgeschlossen hatte und nach Berlin zurückgekehrt war, liess er sich mit Elsa trauen. Das teilte er Mileva bei seinem nächsten Aufenthalt in Zürich mit. Es war eine peinliche Zusammenkunft, weniger ihretwegen als wegen der Kinder. Mileva sprach kaum ein Wort, aber Hans Albert, ein selbständiger und offener Junge von 15 Jahren, verhielt sich feindselig. Er sagte dem Vater, dass er nach der Maturität Technik studieren wolle, obwohl (oder weil) er aus vielen Gesprächen mit dem Vater wusste, dass dieser wünschte, er möge rein wissenschaftlich arbeiten und sein Werk fortsetzen. Er hatte von der Mutter den Sinn für das Praktische, für das solid Materielle geerbt. Der Vater nannte seinen Plan «widerwärtig». Der Sohn aber bestand darauf, Ingenieur zu werden. Es kam zu stürmischen Meinungsverschiedenheiten über die Studienwahl. Mileva versöhnte sie und nützte jede Gelegenheit, ihren Söhnen Achtung und Liebe für ihren Vater einzuflössen: er sei ja in manchen Dingen ein Sonderling, doch im Grunde wirklich gut und liebevoll zu ihnen. Sie wusste, wie leicht ihn auch Kleinigkeiten tief verletzen konnten, sobald sie ihn persönlich betrafen.

Sooft er in seine chronische Unentschiedenheit geriet, reiste er nach Zürich, um sich mit Mileva zu beraten. Er begann wieder mit ihr zu arbeiten und brachte ihr seine Manuskripte, damit sie sie prüfe und mit ihren Anmerkungen versehe. Diese Besuche waren häufig, aber kurz. Er war heiter und zärtlich, so dass die Familie das Gefühl hatte, er liebe sie und fühle sich wohl bei ihr. Doch schien er diese Gefühle zu fürchten und drehte sie wie einen Wetterhahn. Mileva war stolz, wieder mit ihm arbeiten zu können, doch sagte sie niemandem etwas davon. Sie war stolz auf seinen Ruhm, aber sie fürchtete sich davor. Ohne Bitterkeit war sie um ihn besorgt. Seine Zusammenstösse mit dem älteren Sohn wurden so arg, dass der Vater erklärte, er wolle ihn nicht mehr sehen. Er schrieb Mileva, er wünsche, dass auch sein Sohn berühmt werde, und erinnerte sie an die Zeit der Entstehung seiner Theorie, wie er bei Petroleumlicht mit ihrer Hilfe sich abgequält hatte, um ein grosses Werk zu schaffen. Der Sohn war begabt, aber real gesinnt; seines Vaters Träume und Ruhm berauschten ihn nicht.

Den jüngeren Sohn vergötterte der Vater. Er sah ihm ähnlich, hatte jedoch die Augen der Mutter. Als Kind schien er genial. Er interessierte sich für alles; vielleicht war es sein Unglück, dass er sich alles Gelesene und Gehörte merkte, auch Belangloses, im Unterschied zum Vater, der immer ein schwaches Gedächtnis hatte. Sehr früh begann er zu musizieren, und bald spielte er meisterhaft: doch hatte der Vater ein ungutes Gefühl, wenn er ihm zuhörte. Er spielte vollendet, alles auswendig, aber rein reproduktiv. In ihm sammelte sich alles Wissen aus verschiedenen Gebieten an; er war ein Erudit, aber gar nicht schöpferisch.

Mileva liebte Einsteins Besuche, weil sie wieder in geistiger Gemeinschaft auf dem Gebiet mit ihm war, das sie besonders liebte. Sie schien sich für alle die unsagbaren Leiden der letzten fünf Jahre entschädigt zu fühlen.

Im selben Jahr, 1919, schickte die Royal Society of London zwei wissenschaftliche Expeditionen aus zur Beobachtung der totalen Sonnenfinsternis auf dem Atlantik zwischen Brasilien und Äquatorialafrika: die eine in die ostbrasilianische Stadt Sobral, die andere auf die heisse und feuchte Insel Principe an der Westküste Afrikas, unweit des Äquators. Beide waren mit den besten Instrumenten jener Zeit ausgerüstet und bestätigten Einsteins Gravitationstheorie von der Ablenkung des Lichtes, dass nämlich die von Fixsternen kommenden Lichtstrahlen in der Nähe der Sonne etwas abgelenkt werden. Am 23. Oktober 1919 schreibt Einstein auf einer Postkarte an Max Planck:

«Heute abend zeigte mir Hertzsprung einen Brief Arthur Eddingtons – nach welchem die genaue Vermessung der Platten exakt den theoretischen Wert für die Lichtablenkung ergeben hat. Es ist doch eine Gnade des Schicksals, dass ich dies habe erleben dürfen.»

Am 6. November 1919 fand in London eine Sitzung der Royal Society statt unter dem Vorsitz des Seniors der europäischen Physiker, Sir Joseph Thomson, des grossen Meisters der Experimentalphysik. Er teilte die von jener Expedition gewonnenen Resultate mit: die Ablenkung war in Sobral mit 1,98, auf Principe von 1,61 Bogensekunden berechnet worden; die mittlere Grösse der beiden Messungen betrug demnach 1,79, während Einstein ohne irgendwelche astronomische Instrumente, einfach mit dem Bleistift in der Hand, die Ablenkung mit 1,75 Bogensekunden bestimmt hatte. (Am 25. Februar 1952 wurde während der Sonnenfinsternis mit Hilfe noch vollkommenerer astronomischer Instrumente festgestellt, dass die exakt gemessene Lichtablenkung noch weniger von der Berechnung Einsteins abweicht.)

Einstein behauptete in seiner Theorie der Gravitationsfelder, in Verbindung mit seiner Auffassung von der Natur des Lichtes (Korpuskularphotone), das Licht gelange von den Fixsternen zu uns nicht in einer geraden Linie, sondern es werde in der Nähe der Sonne etwas abgelenkt. Dazu war er auf rein spekulativem Wege gelangt, genau wie er es Frau Dr. Pelta Brupbacher gesagt hatte: mit der Füllfeder in der Hand. Seine Behauptung konnte nur dadurch bestätigt werden, dass die gegenseitige Stellung der Sterne sich in diesem Falle scheinbar veränderte. Dieses Phänomen kann natürlich nur während einer totalen Sonnenfinsternis beobachtet werden, da man bei Sonnenlicht die Sterne nicht sehen kann und bei Nacht das Licht von den Sternen geradlinig zu uns gelangt, so wie wir uns, nach der klassischen Auffassung der Physik, die Ausbreitung des Lichtes überhaupt denken; denn bei Nacht steht die Sonne nicht über unserem Horizont. Ein bei Tag vom selben Stern kommender Lichtstrahl gelangt in der Nähe der Sonne in deren Gravitationsfeld und wird dadurch abgelenkt. So muss dem irdischen Beobachter die gegenseitige Lage der Sterne anders erscheinen als bei Nacht, während sie in Wirklichkeit unverändert ist. Einsteins Entdeckung konnte erst lange nachher, während einer totalen Sonnenfinsternis, bestätigt werden. Diese grösste wissenschaftliche Genugtuung fiel in die qualvolle Zeit seiner Scheidung von Mileva und der schweren Krankheit seiner Mutter, die Anfang März 1920 bei ihm starb.

Im Herbst 1919, während seines Zürcher Aufenthalts, sprach er mit Mileva von jener Expedition, und beide erwarteten ungeduldig deren Ergebnisse.

Einstein sagte, wichtiger als dieses in Zahlen ausgedrückte Ergebnis sei die sich daraus ergebende grosse Vereinfachung der Grundlagen der gesamten theoretischen Physik, was jedoch nur ein verhältnismässig kleiner Teil der Menschen richtig zu würdigen vermöge.

Niemand vermochte dies besser zu verstehen als Mileva.

Tete zeigte eine ständig wachsende Neigung zur Musik und zu wissenschaftlichen Studien. In seine Vergötterung des Vaters begann sich etwas wie Neidhass zu mischen. Vielleicht war es leidvolle Bewunderung eines unerreichbaren Ideals. Schon seit seiner frühen Kindheit an gab es bei ihm scharfe Gegensätze zwischen Licht und

Schatten. Virtuose in der Wiedergabe bei völligem Mangel an Schaffenskraft: das war qualvoll für den ehrgeizigen Jungen. Schon als kleines Kind hatte er ein merkwürdiges Ohrenleiden, das heftige Schmerzen im ganzen Kopf hervorrief. Der schwankende Gesundheitszustand verschlimmerte seine Pubertätskrise. Die Ruhmsucht quälte seinen schwachen Organismus, seine Seele wurde durch übermässige Anhäufung von Wissen, von Gedächtnismaterial verwirrt. Manchmal reiste er nach Berlin, um den Vater in seinem neuen Heim zu besuchen. Nach solchen Besuchen verfiel er in tiefe Niedergeschlagenheit. Dem Vater schrieb er ergreifend pathetische Briefe, die sein Bedürfnis nach einer Behauptung der eigenen, überforderten Persönlichkeit ausdrückten. Durch leidenschaftliche Ergebenheit und Liebe suchte er sich dem Vater zu nähern, dessen Grösse ihm unerreichbar blieb. Die Mutter beobachtete das alles mit grosser Sorge und suchte sich damit zu trösten, dass es nicht so arg sei, wie ihre Befürchtungen es ausmalten, und es sich geben werde, sobald die kritischen Jahre vorbei seien und Tete sich an die Abwesenheit des Vaters gewöhnt habe.

Am 8. Januar 1920 notiert Lisbeth kurz, Frau Einstein gedenke nach Serbien zu reisen. Und richtig fuhr sie in der grössten Winterkälte nach Novi Sad, um ungeachtet aller ihrer eigenen Nöte, wenigstens in ihrem elterlichen Heim Ordnung zu schaffen. Man hatte sie gerufen, doch sie sagte niemandem, warum sie ging. Bei ihrer Schwester Zorka äusserte sich die Verschlimmerung ihres Geisteszustandes durch grobe Ausfälle. Sie war sehr begabt und gebildet, hatte eine «Töchterschule» in Ljubljana besucht und ihre Ausbildung in Wien fortgesetzt. Von ihrer Reise nach Zürich, ihrem Aufenthalt bei Mileva und von ihrem immer befremdlicheren Benehmen haben wir schon erzählt. Als der Vater sie nach Hause brachte, hoffte man noch, es handle sich um einen vorübergehenden Zustand, doch wurde es immer ärger. Sie wurde grob und unzugänglich; nur zu Katzen wurde sie übertrieben zärtlich. Das sehr geräumige Haus enthielt mehrere Mietwohnungen, und mit allen Leuten stand Zorka auf Kriegsfuss. Gegen die Eltern war sie anrempelnd frech, den Vater hasste sie und schmähte ihn mit unflätigen Redensarten. Der allgemein geachtete und beliebte, heitere Milos Marić ging vor Gram immer seltener aus dem Hause. Nur Milevas Anwesenheit brachte Licht in dieses düstere Leben. Doch für ihre Schwester blieb Zorka voll Hochachtung. Sie folgte jeder Bewegung Milevas, bemühte sich, ihr in allem angenehm zu sein und erfüllte alle ihre Wünsche. Es schien, dass sie sich auch mit den Eltern und ihrer Umgebung besser vertrug, wenn Mileva da war; sonst war sie allen Menschen feindlich gesinnt. Während Milevas Anwesenheit waren die Katzen unsichtbar.

Von sich sagte Mileva nichts. Als die Schwester ihrer Mutter sie fragte, warum sie sich von ihrem Manne habe scheiden lassen, erwiderte sie kurz: «Es hat so sein müssen.» Und die Mutter tadelte ihre Schwester: «Warum fragst Du, wo ich, ihre Mutter, sie nie danach gefragt habe?»

Alles war gut, solange Mileva da war. Doch musste sie schliesslich wieder nach Hause, und alles war wieder so schlimm wie vorher.

Am 24. April 1920 schreibt Einstein an Maurice Solovine: «Mileva geht es gut; ich bin von ihr geschieden, die Kinder sind bei ihr in Zürich, Gloriastrasse 59. Albert hat sich prächtig entwickelt, der Kleine ist leider etwas kränklich.»

Lisbeths Tagebuch spricht wieder von Mileva am 11. Juli 1920: Teddy (Tete) ist dick und ruhig. Mileva erzählt, wie sie ihm einen Anzug genäht hat. Der Kleine bemerkt, dass gewisse Teile der Kleidung immer wieder als neu erscheinen, zum Beispiel die Kragen an den Matrosenkleidern. Er ist jetzt in der vierten Primarklasse.

Noch immer näht Mileva alles selbst, für sich und die Kinder. Sie wendet alte Kleidungsstücke und ändert sie ab. Auch die Freunde dürfen nicht wissen, wie ärmlich sie lebt, denn Albert könnte dafür getadelt werden, und auf ihn darf nicht der geringste Makel fallen. Durch Sparsamkeit und Fleiss sucht sie ihren Lebensstandard zu wahren. Wenn ihre Gesundheit es erlaubt, besucht sie Konzerte und Vorträge; ob gesund oder krank, liest sie viel.

Im Herbst 1920 sollen die Kinder den Vater besuchen, wie Lisbeth schreibt. Trotz aller elterlichen Liebe sind sie doch oft sich selbst überlassen, denn Mileva ist häufig

149

im Krankenhaus, und dann müssen sie anderswo untergebracht werden. Sie sehnen sich nach einer gesicherten Häuslichkeit, nach sicheren Aussichten in die Zukunft. Sie freuen sich sehr auf den Besuch beim Vater und hoffen, er werde sie wieder auf eine schöne Reise mitnehmen.

Am 27. September hilft Lisbeth beim Packen verschiedener Zeitschriften, und bei dieser Gelegenheit lesen die Knaben einen Artikel über ihren Vater.

Mileva benützt jede Gelegenheit, um ihnen einen Kult des Vaters einzupflanzen. Sie verkehrt freundschaftlich mit ihnen, sucht sie körperlich und seelisch zu fördern, beaufsichtigt ihre Fortschritte in der Schule. Tete bringt sie manchmal in Verlegenheit mit etwas, was er irgendwo gelesen und sich gemerkt hat. Er merkt sich überhaupt alles, vermag jedoch diese Tatsachenmengen ohne fremde Hilfe nicht zu verbinden, er ist unfähig, selbständig Schlussfolgerungen zu ziehen, sondern sucht sie bei anderen. «Buja» hingegen urteilt selbständig und durchdacht, mit einer durchaus gesunden Intelligenz. Was immer er tut, sein Ziel steht fest, er bleibt unbeirrt bei seinen Entschlüssen.

In einer Notiz sagt Lisbeth, sie liebe und achte Mileva immer mehr, je besser sie sie kennenlerne. Am 12. Januar 1921 hören sie zusammen einem Vortrag des Professors F. Nicolai aus Berlin zu. Er ist ein Biologe und ein bekannter Pazifist; doch hatte man von seinem Vortrag mehr erwartet. Stürmischer Applaus, aber wenig Erfolg, wie Lisbeth meint. Mileva dachte wohl an ihre gemütskranke Schwester, die überall Blutvergiessen und das Böse im Menschen sah und der es schien, als ob die Tiere weit über den Menschen stünden, da sie nur angreifen, wenn sie hungrig oder bedroht sind, während die Menschen Krieg führen, auch wenn sie satt sind und es ihnen gut geht, ja gerade dann. Bei Milevas letztem Besuch in Novi Sad hatte sie ihre Hinwendung zu Katzen zu rechtfertigen versucht und gesagt, man sollte die Bedeutung der Begriffe «bestialisch» und «human» vertauschen.

In diesem Winter kamen die Hurwitz viel mit Mileva zusammen. Man musizierte, sprach über Lektüre, über Neuigkeiten in Literatur und Welt. Man beschäftigte sich auch gemeinsam mit Handarbeiten, worin Mileva ebenfalls Meister war. Jede Arbeit, ob klein oder gross, packte sie mit demselben Ernst an. Zu ganz verschiedenen Dingen verhielt sie sich gleich aufmerksam und kompetent. Man ging auch spazieren, wobei man solche Wege wählte, die auch für Mileva nicht zu anstrengend waren und doch Gelegenheit boten, die ganze Winterherrlichkeit zu geniessen. Der Schnee knirschte unter den Füssen, die dicht beschneiten Bäume wirkten zauberhaft, und der blaue Himmel sah hindurch.

Bei Mileva wohnte damals Frau Dr. Caro. Am 24. März 1921 waren beide zusammen mit der Schriftstellerin Julia Niggli bei den Hurwitz zum Tee. Bei Mileva weilte damals Friedl Knecht aus Leipzig. Hans Albert heiratete sie später gegen den Willen der Eltern; sie war bedeutend älter als er.

Tete hatte wieder Ohren- und Kopfschmerzen. Die Mutter ging mit ihm nach Wyk auf Föhr an der Nordsee, in eine spezielle Heilanstalt. Doch der Erfolg blieb aus. Sie glaubte an Hirnstörungen und wäre froh gewesen, wenn sie den Kranken ihrem Bruder Miloš hätte anvertrauen können, der ein hervorragender Gelehrter geworden war. Doch er kam aus der russischen Kriegsgefangenschaft nicht zurück... Am 20. September wurde bei Einsteins musiziert, wobei Mileva, Tete und ihr Rechtsanwalt zuhörten. Am Abend gingen sie alle in ein Konzert in die Kirche Fluntern auf dem Zürichberg, wo häufig vor allem Werke von Bach vorgetragen wurden. Es war ein wunderschöner Herbst. Am 2. Oktober ging man zusammen spazieren. Tete war stolz auf die Uhr, die er vom Vater bekommen hatte, jedoch nur sonntags tragen durfte. Mileva ging viel mit Tete spazieren und liebte es, im Walde zu sitzen und mit ihm zu plaudern.

Am Abend des 30. Oktober geht man zu Einsteins, denn Albert ist gekommen und möchte die Freunde sehen. Auch die Geige soll man mitbringen. Er ist bei Mileva abgestiegen, und Lisbeth scheint es, als ob er sich da besser fühle als in Berlin. Man spricht von der schrecklichen Entwertung des Geldes in Deutschland. Doch Einstein sieht gut aus und ist dick geworden, geigt aber immer noch herrlich. Man spricht vom schweren Leben in Russland, vom Mangel an persönlicher Sicherheit in den USA und der dortigen Manie, fast gar nicht mehr zu Fuss zu gehen.

Mileva wird durch Einsteins Besuche angeregt; sie tut alles, um ihm den Aufenthalt angenehm zu machen. Von ihrer Angst um Tete sagt sie ihm nichts, und auch er schweigt, obwohl er merkt, dass da etwas nicht in Ordnung ist.

Am 8. November meldet er sich telefonisch mit der ganzen Familie an, wie in den guten alten Zeiten. Man musiziert. Er stimmt «väterlich» Lisbeths Geige. Sie freut sich über sein zartes Benehmen gegen Mileva, doch findet sie es nicht in Ordnung, dass er vor ihr schmeichelhaft von seiner jetzigen Frau spricht. Er sagt, es sei ihm jetzt unmöglich, seine Familie in Zürich zu erhalten, denn der Wert der Mark sinke immer tiefer.

Mileva fühlt die warme Sympathie Lisbeths und ihrer Mutter, doch spricht sie bei ihnen nie von sich. Sie wissen nicht einmal recht, woher sie stammt, noch wer von den Ihren «dort» lebt; nie erfuhren sie etwas von Zorkas Krankheit, noch vom tragisch verschollenen Bruder.

Am 7. April kommt Mileva, um Abschied zu nehmen: Sie muss nach Novi Sad zur Mutter, die unlängst Witwe geworden war. Der Vater war im Februar gestorben. Sie hatte ihn sehr geliebt und hoch geachtet, und sein Tod schmerzte sie sehr; doch auch davon hatte sie den Freunden nichts gesagt. Sie erwähnte sein Hinscheiden nur als Grund ihrer Abreise. Doch das Unglück zu Hause war noch ärger, verwickelter. Von Zorka gingen immer härtere Schicksalsschläge aus.

Der Vater hatte seinen musterhaft eingerichteten Gutshof in Kać verkauft und einen Teil des Erlöses vorläufig in den grossen, schönen Kachelofen gesteckt, der noch heute im Haus Kisačka 20 in Novi Sad steht; es war Sommer. Zorka, wer weiss, ob absichtlich oder nicht, zündete den Haufen Papiergeld mit Streichhölzern an, so dass es zu Asche verbrannte. Der Vater war furchtbar niedergeschlagen. Dieser gutmütige und gesellige Mann begann die Menschen zu fliehen; er empfand die Zustände in seinem Haus als eine traurige Schande.

In Novi Sad genoss er hohes Ansehen. Einer, der ihn gut kannte, der Apotheker Moljac aus Zrenjanin, beschrieb ihn wie folgt:

«Hochgewachsen, hager, mit markanten Zügen, von soldatischer Haltung, war er im Verkehr sehr zugänglich, heiter und zu Scherzen geneigt. Er trug einen Halbzylinder, was damals als vornehm galt. Er war ein Funktionär der Serbischen Lesehalle, die sich neben dem Kaffeehaus ‹Zu den drei Kronen› befand, wo er jeden Nachmittag weilte. Meist war er da von jüngeren Leuten umringt, während der Schulferien auch von Jugendlichen. Er plauderte angenehm, erzählte vom Leben in der einstigen Militärgrenze, wo alle Männer militärpflichtig waren, dafür aber vom Staat unentgeltlich mit Salz und Tabak versorgt wurden und manche Lebensmittel sowie Kleiderstoffe und Schuhwerk zu ermässigten Preisen erhielten, was man ‹Fassungen› nannte. Das war der Rest jener Privilegien, die Österreich den Vorfahren dieser Serben verliehen hatte, als sie in dieses Land gekommen waren, um es gegen die Türken zu schützen und überhaupt für die Habsburger zu kämpfen.»
Dr. Ljubomir-Bata Dumić, ein Kollege von Milevas Bruder, erinnerte sich, dass Milevas Vater mit den Jünglingen ein wenig «von oben herab» verkehrt habe, als echt «patriarchische» Autorität. Er sei ein vollkommen ehrenhafter und korrekter Mann gewesen, nur, obwohl reich, etwas geizig.
Die Ungewissheit über den Sohn, Zorkas Krankheit und Milevas Ehetragödie hatten diesen Vater, der von seinen ausnehmend begabten und hochgebildeten Kindern viel erwartet hatte, hart getroffen. Er starb am 22. Februar 1922 an einem Hirnschlag und wurde zwei Tage später begraben.

Der Bruder Miloš

Am 15. November 1916 schreibt Mileva ihrer Freundin Milana in Belgrad «... der Grund meines Schweigens ist, dass ich den ganzen Sommer nicht recht gesund war; nicht gerade krank, aber auch nicht wohlauf. Längere Zeit schmerzte die Hand von kleinen Geschwüren auf den Fingern, was mich natürlich sehr störte; dann mein regelmässiger Heuschnupfen, der dieses Jahr sein Mass überstieg. Dann stand es auch mit Tete nicht zum besten. Mit ihm plage ich mich auch jetzt; sein Ohr ist nicht in Ordnung, was uns auch jetzt viel zu schaffen macht. Und das Ende wird wahrscheinlich sein, dass er das Gehör ganz verliert, was mir, wie Du Dir wohl vorstellen kannst, viel Sorge macht. In den Ferien ging ich mit Tete nach Deutschland an die See, aber ohne viel Erfolg. Die Verhältnisse hatten sich dort schon damals sehr verschlechtert, das Essen war sehr karg, wenigstens für uns aus der Schweiz, und auch sonst war alles schon in Unordnung geraten, so dass wir nur drei Wochen dort blieben. Die Reise ist sehr beschwerlich, so dass wir fast mehr ermüdet als ausgeruht waren. So hat man fortwährend Plackereien, kleinere und grössere; doch wahrscheinlich wird jetzt mein Herz wieder etwas besser, das mich ebenfalls beunruhigte; es ist ein wenig ordentlicher geworden, doch forderte es von mir viel Rücksicht. Ich spiele überhaupt den Helden, solange ich kann, doch dann kommt eine Zeit, da ich mich unterwerfen muss ... denn jede Krankheit, auch eine unbedeutende, ist eine grosse Störung.»

Mileva schreibt dann von ihrer gemeinsamen Freundin aus der Studienzeit, Ruža Sonderegger-Šaj, von Albert «die schöne Kroatin» genannt, und fährt fort: «...Ihre Eva nimmt, wie du weisst, Klavierstunden bei mir. Sie ist sehr musikalisch und lebhaft; ich glaube, sie wird es schön erlernen. Dieser Tage erhielt ich eine freudige Nachricht. Schon sechs Jahre hat der Bruder aus Russland nichts von sich hören lassen, und jetzt schreibt mir Mama, sie habe einen Brief erhalten, er werde, wenn irgend möglich, diesen Winter zurückkommen. Du kannst Dir vorstellen, welche Freude das für Mama und besonders auch für mich ist. Schon mehrmals dachte ich, ich würde Mama besuchen müssen und auch Dich sehen; und jetzt, wenn Miloš kommt, komme auch ich gewiss, und vielleicht können wir uns dann besprechen, dass auch Du mich besuchst. Vielleicht könnte man das machen...»

Ende 1923 reist Mileva wieder nach Jugoslavien, um beim Empfang des Langerwarteten auch dabei zu sein, alles ist so eingerichtet, wie er es in seinen Studienjahren liebte. Alle sind aufgeregt, jeder Tag bringt neue Hoffnung und neue Enttäuschung. Mileva weiss, wie nötig sie in diesen Tagen ihrer Mutter ist. Die Tage vergehen, doch Miloš kommt nicht; er kommt nie wieder. Zum letztenmal meldet er sich seiner Familie mit einer Karte: Er schreibt, er werde nie mehr nach Jugoslavien zurückkehren und gebe seiner Frau die volle Freiheit zurück. Später hörte man nie wieder von ihm, so dass er 1935, nach dem Tode seiner Mutter, in dem damals schon rumänischen Klausenburg tot erklärt wurde. Das war wegen der mütterlichen Hinterlassenschaft nötig. Es scheint auch, dass seine Frau, die bedeutend älter war, schon gestorben war, denn auch von ihr hörte man nichts mehr.

Der schon genannte Apotheker Milivoje Moljac erinnert sich an Milevas Bruder Miloš folgendermassen:

«Miloš Marić maturierte am serbisch-orthodoxen Gymnasium in Novi Sad 1902, als ich die erste Klasse absolvierte. Ich entsinne mich seiner sehr gut, denn sein Elternhaus in Novi Sad ist an der Kisačka 20, das unsere an derselben Strasse 22, und die jüngeren Gymnasiasten pflegen sich der älteren zu erinnern. Noch etwas verstärkt die Erinnerung an ihn. Im Gymnasium in Novi Sad war es Sitte, die acht besten

156

Schüler zu «Zensoren» zu wählen, die verpflichtet waren, bei jedem kollektiven Auftreten statt der Professoren Ordnung zu halten. Jedem «Zensor» war eine Klasse zugeteilt, für die er verantwortlich war. Im Schuljahr 1901/2 waren Zensoren die folgenden Schüler:

1. Vladimir Zarić, später Ingenieur der Generaldirektion der Staatsbahnen in Belgrad,
2. Ljubomir-Bata Dumić, Nervenarzt in Belgrad,
3. Miloš Marić, bis zum Weltkrieg Arzt, erster Adjunkt der medizinischen Fakultät in Kolosvar (Cluj), Katheder für Zoologie und Histologie,
4. Sima Matejin, Arzt, Leiter des Krankenhauses in Novi Knezevac,
5. Miša Matić, Arzt, Leiter des Krankenhauses in Novi Zrenjanin,
6. Pavle Ninkov, Bauingenieur in Zrenjanin,
7. Svetislav Stepanov, Arzt, Spezialist für Zahnkrankheiten,
8. Ivan Cirić, als Mönch Irenäus, Dr. phil., Bischof in Novi Sad.

Ich studierte 1911/14 an der Universität Kolosvar und traf dort Miloš Marić an der medizinischen Fakultät bei Professor István Apáthy als seinen ersten Adjunkten unter ungefähr zehn Assistenten des Lehrstuhls für Zoologie und Histologie. Er genoss schon damals einen schönen Ruf als Histologe. Die Institute für Histologie und Chemie standen einander gegenüber, und Marić kam wegen chemisch-histologischer Gewebeforschungen oft ins Chemische Institut. Professor Apáthy war ein anerkannter Fachmann der Histologie, einer damals sich erst entwickelnden neuen Wissenschaft. Seine Arbeit über die Unterscheidung der Nigrischen Zellen im Gehirn, nach denen man die Rabies sowohl mikroskopisch als durch chemische Reaktionen feststellen kann, zum Unterschied von gewissen anderen, ähnlichen Zellen, trug er auf einem Fachkongress in Neapel 1913 vor. (Bei Tollwut entstehen in den Gehirnzellen dunkle Körperchen, von denen man noch nicht weiss, ob sie ein Konglomerat von Viren oder von deren Produkten sind; sie werden nach ihrem italienischen Entdecker Nigri benannt.)

In diesen Forschungen war Miloš Marić Apáthys Mitarbeiter. In Studentenkreisen erzählte man damals folgende Anekdote: Professor Apáthy gehörte politisch der ungarischen Achtundvierzigerpartei «Kossuth Lajos» an, die als chauvinistisch galt. Als Apáthy einmal von Kollegen gefragt wurde, wieso er als Achtundvierziger einen Serben zu seinem ersten Adjunkten gewählt habe, antwortete er: «Die Wissenschaft gehört keiner Partei an, auch der meinigen nicht; für sie sind massgebend Klugheit, Wissen, Befähigung, Fleiss, Erfolg in der Arbeit, und durch diese Eigenschaften zeichnet sich Marić von allen anderen aus. In der Wissenschaft gelten nicht Nationalitäten, sondern wissenschaftliche Resultate, und Marić ist mir ein wertvoller Mitarbeiter.» Miloš arbeitete viel und hatte keine Zeit für Zerstreuungen. Er war begabt, still, zurückgezogen, fleissig, bescheiden, stets heiter und zugänglich. Ausser seiner Muttersprache sprach er ungarisch, deutsch, französisch und englisch. Er hatte auch in Frankreich studiert und 1913 eine Französin geheiratet. 1914 wurde er mobilisiert und schrieb 1915 den Seinigen nach Novi Sad aus Moskau. Unsere Kriegsgefangenen, die aus Russland als Freiwillige an die Salonikifront kamen, erzählten, Marić sei noch vor der Revolution an der Universität in Moskau gewesen, nach der Revolution dort geblieben und Professor für Histologie geworden. Die letzten, die ihn 1934 als Professor sahen, waren ehemalige Schüler aus Novi Sad.

Den Namen seiner Mutter kannte auch ich so wenig wie die anderen aus der Nachbarschaft, denn sie war für alle «Frau Marić», verkörperte Güte und Edelmut, war das Muster einer guten Gattin, Mutter, Hausfrau und genoss allgemeine Achtung. Als Mileva 1905 mit Einstein in Novi Sad weilte, empfahl sie mir, wie ich mich erinnere, nach der Matura in Zürich Chemie zu studieren, die schöne Aussichten für die Zukunft biete; es würde mich nicht mehr kosten als das Studium an einer ungarischen Universität. Damals war ich noch zu weit von der Matura, um darüber zu entscheiden. Mileva hatte sicher einen sehr verdienstvollen Einfluss auf die gesamte Arbeit Einsteins, auf seine wissenschaftlichen Erfolge und seinen Ruhm.»
Dr. Sima Matejin, ein Schulkamerad von Miloš, berichtete von ihm:

Mileva mit Hans Albert und Zorka, dahinter Miloš und Sofija Galić

«An Miloš Marić erinnere ich mich gut … Er war mittelgross, von ziemlich zartem Körperbau, schön sowohl als Kind wie auch als Erwachsener … immer schön gekleidet und ordentlich. Er war ein sehr lieber Kamerad, konnte fröhlich lachen (dessen entsinne ich mich besonders gut), doch unseren Schülerstreichen und Raufereien gegenüber war er zurückhaltend. Mit allen Kameraden unterhielt er gute Beziehungen; schwächeren Schülern half er, sich herauszuziehen. Ich erinnere mich überhaupt nicht, dass er zu irgendwem in einem gespannten Verhältnis gestanden hätte. Er war von milder Natur, nie vergass er sich auch nur soviel, dass er in einen Wortwechsel geraten wäre. So etwas gab es bei ihm nicht. Dass wir alle ihn liebten, das weiss ich. So war es bis zur Matura. Dann ging jeder seinen Weg. Nach längerer Zeit hörte man, er sei nach Russland gekommen und dort als Professor tätig gewesen. Ich weiss nicht einmal, wo er seinen Doktor gemacht hat. Ich wiederhole, dass ich mich seiner sehr gern erinnere, dass er mir ein naher Kamerad war; man spürte irgendwie, dass aus ihm etwas werden würde, dass er in Leben und Wissenschaft Erfolg haben werde, wie seine Schwester Mileva, die den Ruf eines angesehenen Wissenschafters errang.»

Dr. Ljubomir-Bata Dumić erzählte, er habe Miloš sehr nahegestanden. Er war sein Mitschüler, war täglich in seinem Hause, und sie wurden sogar «Wahlbrüder». Beide studierten in Klausenburg, waren auch dort viel zusammen, bis der Krieg sie auseinanderriss. Zuerst schrieben sie einander, doch dann wurde Miloš in Russland gefangen.

Von seinem Wahlbruder sagte er, er sei ausserordentlich begabt gewesen. Was immer er anpackte, führte er trefflich durch. Er war ein glänzender Mathematiker und lernte Sprachen unglaublich leicht und rasch. Er war gesellig, aber still und zurückhaltend. Äusserst charaktervoll, betrachtete er jedes gegebene Wort als heilig. Im Verkehr war er taktvoll, von schönen Manieren, bescheiden; auch in den stürmischen Momenten wusste er sich zu beherrschen. Am Geld war ihm nicht gelegen; noch während des Studiums entschied er sich für eine rein wissenschaftliche Laufbahn. Auch Dr. Dumić wusste nicht, wo Miloš doktorierte, nur dass er seine Studien

160

in Klausenburg begann und später in der Schweiz war; doch meinte er, er habe das Doktordiplom in Budapest erworben und die Professoren besonders durch seine Kenntnisse in Histologie verblüfft. Nach Klausenburg kam er im Studienjahr 1907/8 und wurde sofort Assistent an der Universität.

Die Tochter einer Tante von Mileva, Sofija Galić-Golubović erinnerte sich, dass Miloš und Mileva viel zusammen spazierten und sich über Medizin, Mathematik und Philosophie unterhielten. «Was sie redeten, weiss ich nicht, weil ich daran nicht teilnahm», sagte sie. Diese Gespräche müssen sehr wertvoll gewesen sein, denn beide Geschwister standen intellektuell sehr hoch und interessierten sich für die gleichen Lebensprobleme.

Nachtrag des Herausgebers

Herr Dr. Heinz Lutstorf (ETH-Bibliothek Zürich) hat dem Herausgeber die nachstehenden Angaben über das weitere Schicksal von Miloš Marić zur Verfügung gestellt. Sie sind einem Brief des in Moskau lebenden Wissenschafters Dr. Boris E. Javelov vom 17. Oktober 1986 entnommen, der sie seinerseits von einem ehemaligen Schüler Marićs erhalten hat und die nun mit seiner ausdrücklichen Erlaubnis in der Übersetzung von Herrn Dr. Heinz Lutstorf hier abgedruckt werden:

«M. Marić (1885–1944) wurde zu Beginn des 1. Weltkrieges durch die österreichisch-ungarische Armee zum Kriegsdienst aufgeboten und übernahm die Funktion eines Bataillonsarztes. Schon 1914 fiel er beim Abtransportieren von Verwundeten und Wegschaffen Gefallener aus einem Streifen Niemandsland in russische Gefangenschaft. 1915 wurde ihm als einem Slaven und Arzt gestattet, russische medizinische Anstalten zu besuchen und später sogar in solchen zu arbeiten. Marić wurde in das Moskauer Medizinische Institut abkommandiert und begann in dessen Lefortover Spital zu arbeiten [Lefortovo: Stadtteil in Moskau]. Gleichzeitig suchte er den Lehrstuhl für Histologie auf, wo er Bekanntschaft und Freundschaft mit dem bedeutenden russischen Histologen V. P. Karpov (1870–1944) schloss. 1917 wurde Karpov nach Jekaterinoslav (heute Dnepropetrovsk) versetzt, um am Aufbau des dortigen Medizinischen Instituts mitzuwirken und den Lehrstuhl für Histologie zu versehen. Auf Einladung Karpovs begleitete ihn Marić und übernahm am Medizinischen Institut von Jekaterinoslav die Funktion eines Prosektors. Als 1925 Karpov nach Moskau zurückging, übernahm Marić dessen Lehrstuhl. 1928 erhielt er den Titel eines Professors. In dieser Stellung verblieb er bis 1930, als er auf Grund seiner Bewerbung zum Inhaber des zur Besetzung ausgeschriebenen Lehrstuhls für Histologie am Medizinischen Institut von Saratov ernannt wurde. In dieser Stellung blieb er bis zu seinem Lebensende. In jener Zeit versah er zugleich den Lehrstuhl für Histologie am Saratover Zootechnisch-Veterinärmedizinischen Institut. Die Arbeiten Marićs in Saratov betrafen in der Hauptsache die Zusammenhänge zwischen Mitose und Amitose, d. h. zwischen direkter und indirekter Zellteilung, sowie die Erscheinung und die Eigenart der sogenannten vielzelligen Kerne. Der Ausbruch des 2. Weltkrieges unterbrach jene Forschungen. Kollegen und Schüler verehrten Marić wegen seiner fundierten wissenschaftlichen Kenntnisse, seiner enormen Belesenheit, seines phänomenalen Gedächtnisses und wegen seiner Fähigkeit, komplizierte Sachverhalte kurz und einfach darzulegen. Gegen aussen war Marić etwas verschlossen und wenig gesprächig, aber dahinter verbarg sich die Seele eines gütigen Menschen und Lehrers.»

Albert Einstein auf Besuch in Zürich im Haus an der Huttenstrasse (1929?)

1929

Da die Freundin Milana noch keiner Einladung Milevas nach Zürich hatte folgen können, lud Mileva Milanas Tochter Milica Stefanović zu sich, die eben maturiert hatte und zu studieren begann. Mileva hatte die Osterferien bei den Savić verbracht, und Milica kam im Juli 1929 zu «Tante Mitza» nach Zürich. Mileva richtete es so ein, dass das junge Mädchen so viel als möglich von den Schönheiten der Schweiz sehen konnte. Sie ging mit ihr auch viele Wege, die ihr aus der gemeinsamen Studienzeit mit Milicas Mutter in angenehmer Erinnerung geblieben waren. Sie zeigte ihr das Haus Plattenstrasse 50, wo sie beide einst gewohnt hatten. Mit ihr und Tete fuhr sie nach Airolo im Tessin. Man durchwanderte die herrliche Umgebung. Mit ihnen war auch Dolly Rosendorf, die anschliessend am Zionistenkongress in Zürich teilnahm. Nach der Rückkehr nach Zürich kam auch Hans Albert mit seiner Frau Friedl Knecht und ihrem Kind. Milica fand ihn im guten Sinne nüchtern, real, in allem der Mutter ähnlich, selbst in den Bewegungen, obwohl er die physischen Züge des Vaters trug.

Einige Tage nachdem Hans Albert mit seiner Familie abgereist war, kam Albert Einstein zum Zionistenkongress, dessen Vizepräsident er war, während Chaim Weizmann, der spätere Staatspräsident Israels, den Vorsitz führte. Der Kongress begann am 6. August 1929.

165

«Er benutzte die Gelegenheit, seine Kinder zu besuchen. Auf die Frage Eduards, warum er gekommen sei, erzählte er ihm, dass er an einer jüdischen Konferenz teilnehme, und fügte hinzu: «Ich bin der jüdische Heilige.» Er besuchte Mileva und – obgleich er im Grand Hotel Dolder auf dem Zürichberg abgestiegen zu sein schien – schockierte er Sir John und Lady Simon mit der Bemerkung: «Ich wohne bei meiner ersten Frau.» Er ging auch in den Laden, wo er als Student seine ersten «Pfennigzigarren» gekauft hatte. Und er fuhr mit der Strassenbahn zu seiner alten Zimmerwirtin, Frau Markwalder, nachdem er darauf bestanden hatte, dass sie von seinem Kommen nicht unterrichtet wurde, weil er «nicht den grossen Mann spielen wollte» (Clark).

Albert wohnte bei Mileva ganz wie zu Hause. Morgens pflegte er, noch vor dem Frühstück, mit aufgekrempelten Ärmeln auf dem Klavier zu improvisieren. Mileva fragte ihn, ob er sich an die kleine blonde Milana erinnere, und stellte ihm deren Tochter Milica vor, die ihm dann mit Tete Debussy vorspielte.

Die beiden ehemaligen Ehegatten benahmen sich völlig natürlich, trotz Milevas spürbarer Erregung. Er war sympathisch, zwanglos und bescheiden. Nach dem Mittagessen pflegte er mit Tete zu plaudern. Während der Vater ruhig da sass, ging Tete fortwährend auf und ab und redete äusserst temperamentvoll. Sein Zimmer war das schönste in der Wohnung, mit Aussicht auf die Stadt, den See und den Uetliberg, und enthielt eine herrliche, reiche Bibliothek. Er las unermüdlich und schrieb Aphorismen. Mit Milica spielte er Tischtennis. Seine grosse Musikalität schien er von beiden Eltern geerbt zu haben. Er war ein schöner und lieber Junge, nur etwas nervös, was sehr gegen die Gesetztheit der Mutter und die Ruhe des Vaters abstach. Mileva war voll, ziemlich klein, brünett, hässlich, doch vermochte sie, wie dies bei innerlich reichen Menschen vorkommt, unerwartet in ergreifender Schönheit aufzuleuchten. Ihre ganze Persönlichkeit drückte grosse Lebenserfahrung und ein geniales Verstehen alles Grossen und Kleinen aus.

Eines Tages, als Milica von einem Ausgang zurückkam, fand sie ihre weisse Bluse gewaschen und gebügelt vor: Das hatte Tante Mitza getan, um ihr eine angenehme

Mileva (sitzend) mit ihren Söhnen und ihrer Schwiegertochter auf dem Balkon ihres Hauses in Zürich

Überraschung zu bereiten. Als Einstein abreiste, bat sie Milica, von ihren Eindrükken aus diesen Tagen nichts zu schreiben. Diesem Versprechen blieb Miliča treu, obwohl manche sich ihr sehr tief eingeprägt hatten. Mileva sprach zu niemandem über ihr Familienleben, von ihren Gefühlen. Was wir von ihr wissen, sind äussere Fakten, und beruht grösstenteils auf Schlüssen, die man aus gewissen Vorkommnissen ziehen kann, und nur sehr wenig auf ihren eigenen, so seltenen Mitteilungen. Sie hatte es nicht gern, wenn man von ihr redete, und am wenigsten in der Öffentlichkeit; sie hinderte dies, wo immer sie konnte. Sie wünschte durch das Leben zu gehen als der kaum beachtete Schatten eines Lichtes, zu dessen Leuchten sie so viel beigetragen hatte.

Während der ganzen Zeit, da sich Einstein bei ihr aufhielt, herrschte, zehn Jahre nach der amtlichen Scheidung, die Atmosphäre eines trauten Heims. Er war sehr aufmerksam und verhehlte nicht, wie wohl er sich fühlte. Mileva war in ihrer Erregung voll von geistigem Liebreiz, machte geistvolle Bemerkungen und Scherze. Sie war wie von einem inneren Feuer beleuchtet, schön wie eine Blume, die sich nur den Sonnenstrahlen öffnet. Sie war wirklich eine ganz ungewöhnliche Frau, wie Einstein einst zu Hurwitz geäussert hatte. Verschlossen und schweigsam, war sie dennoch lieb und herzlich, in allem natürlich und ungezwungen. Sie war weder gut noch böse im landläufigen Sinn. Ihre Ethik war hoch und wahr; sie äusserte sich nicht in banalen Wohltaten, die den Geber mehr befriedigen als den Empfänger. Ihre Ethik lebte sich in beispielloser Selbstverleugnung aus. Wahrhaft bescheiden, verbarg sie ihre Leistungen, statt sie vorzuzeigen.

Gegen Ende ihres Lebens schrieb sie mit Bitterkeit, aber ohne Reue, von ihren unbelohnten Opfern und Arbeiten. Einst hatte sie manchmal ihrer Freude über ihre in der Arbeit erzielten Lösungen Luft gemacht in Briefen an eine liebe Verwandte, die schon erwähnte Desana Tapavica; aber nicht um ihr zu imponieren, denn Desana waren die betreffenden Probleme sicher fremd, sondern weil sie glaubte, die Freundin werde sich über ihre Erfolge freuen.

168

Der kranke Sohn

Im gleichen Jahr maturierte Tete. Auf einer Karte an Miliča zeigte er witzig, wie es im belasteten Gehirn eines Maturanden aussieht. Doch nach der Matura wurde seine Krankheit immer offenbarer. Die Wände seines schönen Zimmers beklebte er, zum Entsetzen seiner Mutter, mit pornographischen Bildern, seine Leidenschaft für Bücher vertauschte er mit einem grossen Interesse für Frauen. Rasch wurde es so arg, dass die Mutter nicht wagte, ihn aus den Augen zu lassen. Eines Nachts, nach einem unruhigen, stürmischen Tag, hörte Mileva Lärm und verzweifeltes Geschrei aus seinem verschlossenen Zimmer im dritten Stock. Kaum konnte sie ihn beschwören, sie einzulassen. In Fetzen und ganz ausser sich erklärte er ihr, er wolle seinen Qualen ein Ende bereiten. Das Fenster war weit offen, und nur mit übermenschlicher Anstrengung gelang es der kleinen, zarten Frau, den kräftigen, rasenden Jüngling zurückzuhalten. Jetzt kehrte er seine Wut gegen sie, bewarf sie mit allem, was er greifen konnte, und würgte sie schliesslich. Sie rief ärztliche Hilfe, natürlich nur für ihn. Es kam ein stämmiger, vernünftiger, solche Situationen gewohnter Krankenwärter. Man brachte den Unglücklichen in der Heilanstalt Burghölzli unter; sie selbst reiste sofort nach Berlin, um Einstein in seinem Institut aufzusuchen. Dort sagte man ihr, er sei im Rathaus. Mit letzter Kraft dort angekommen, traf sie am Eingang eine grosse Menschenmenge: Einsteins Stief- und Adoptivtochter Margot wurde mit dem Journalisten Dimitrij Marianov getraut. Dieser hatte Mileva nie gesehen, doch in

169

Wirrwarr im Kopfe eines Maturanden – eine Zeichnung von Eduard Einstein

dem Augenblick, da die Hochzeitsgesellschaft die Treppe hinabstieg, sah er eine Frau, die sich am Geländer festhielt. Sie wäre ihm nicht aufgefallen, wenn ihr Blick nicht so brennend gewesen wäre. Margot flüsterte ihm zu: «Das ist Mileva.» Marianov sah nur den fiebrigen Glanz ihrer grossen, dunklen Augen. Mileva sah nichts um sich herum; sie bändigte ihre Verzweiflung, um die feierliche Stunde im Leben von Elsas Tochter nicht zu stören. Margot konnte die Bedeutung jenes brennenden Blickes nicht fassen, die Würgspuren an ihrem Hals nicht sehen. Mileva achtete mit fast übermenschlicher Selbstbeherrschung den Frieden anderer, selbst wenn diese ihr viel Böses angetan hatten. In dieser Menge, die sich an einem sensationellen Schauspiel künstlich berauschte, war sie mit der entsetzlichen Gewissheit von Tetes grauenhafter Krankheit ganz allein.

Marianov sagt in seiner Biographie Einsteins, man habe nie erfahren, warum sie damals nach Berlin gekommen sei. Ob Einstein sie gesehen hat oder nicht; jedenfalls ging er an ihr vorbei, als ob er sie nicht bemerkt hätte. Sie hielt sich noch lange am Geländer fest, als er das Rathaus, unter stürmischen Hochrufen der Menge, bereits verlassen hatte. Im Laufe des Tages kam sie dann doch mit ihm zusammen. Er erwähnte aber ihre Anwesenheit in Berlin und ihre Unterredung nie; niemand hat je erfahren, worüber sie damals sprachen. Allein kehrte sie nach Zürich zurück, in ihr verwüstetes Heim.

Ihrer Freundin Milana in Belgrad schrieb Mileva in einem undatierten Brief ausführlicher als sie es je zuvor getan hatte:

«Meine liebe Milana,

Wenn alles so wäre wie es sein sollte, hättest Du gewiss nicht so lange auf eine Nachricht von mir gewartet, wenigstens Dein zweiter Brief wäre nicht ohne Antwort geblieben. Als wir Deinen ersten Brief erhielten, war es so, wie Du selbst dachtest. Tete war mehr als zwei Wochen in Italien und ich in Bern bei einer guten Bekannten (Frau Chavan). Als wir dann nach Hause kamen, hatten wir beide genug zu tun. Für Tete begann sofort das Semester, und zwar recht anstrengend; gleich zu Beginn war ich besorgt, dass es nicht gehen werde, doch was nützt es zu denken und zu reden. Er war schon im Sommer übermüdet und kam nie zu einem rechten Ausruhen, und so häufte sich das alles, bis es zuviel wurde und nicht mehr weiter gehen konnte. Mitte Dezember wurde Tete sehr krank; ich kann Dir gar nicht sagen, wieviel Sorge und Angst ich ausstand. Jetzt geht es etwas besser, doch müssen wir noch immer sehr auf ihn achten und ihn pflegen. Aus alledem ersiehst Du, warum ich Dir so lange keine Nachricht geben konnte. Denn wenn Tete auch nicht immer lag, so fühlte er sich schon lange nicht wohl, und so hatte ich keine Ruhe und keine Musse zum Briefschreiben. Bei Tete gibt es nichts Organisches, sondern nur nervöse Störungen, und das ist fast noch ärger, denn man weiss nicht, wie man helfen soll. Einstweilen geht es ein wenig besser, doch wird es noch vieler Mühe und Pflege bedürfen, um alles in Ordnung zu bringen. Das ist auch der Grund, weshalb Tete nie mehr an Milica geschrieben hat. Milica möge uns verzeihen; wir haben sie durchaus nicht vergessen, doch waren wir gar nicht in der Stimmung zu schreiben. Alles was ihr uns geschickt habt, haben wir erhalten und danken sehr dafür. Mestrović hat Tete sehr gefallen. Es tut mir leid, dass Du soviel über Deine Gesundheit klagst. Sei überzeugt, wir alle haben allerlei, was uns belästigt. Die Jugend ist vorbei, und wir gehören alle dieser unglücklichen Generation an, von der alle genug gelitten haben; wenn auch nicht persönlich, so durch den Krieg, und das bleibt nicht ohne Folgen. Selbst Ruža, so gross und kräftig, leidet an mancherlei, von mir gar nicht zu reden. Vielleicht kann das Dir zum Troste dienen.

Es ist sehr liebenswürdig von Dir, daran zu denken, dass Du uns etwas schickst. Diese Sachen sind hier grosse Leckerbissen und sehr teuer, und so wäre das für uns etwas ganz Ausserordentliches, doch fürchte ich, dass Du damit zuviel Arbeit und Umstände hast, wie die Deutschen sagen. Hier werden die Pakete alle ins Haus geliefert, man muss nicht ins Zollamt, sondern zahlt zu Hause, die Dinge sind also sehr einfach, doch weiss ich nicht, wie das bei Euch ist; ich möchte nicht, dass Du Dir zuviel Arbeit machst. Falls Du uns etwas sendest, bitte ich Dich, wenn es Dir passt, es gegen Mitte Januar zu tun, denn bis dahin ist Tete in Arosa. – Bitte grüsse alle die Deinigen. Die kleine Tischdecke Deiner Mutter wird hier von allen sehr bewundert,

Eduard Einstein auf der Veranda des Hauses Huttenstrasse 62 (Juli 1929)

und ich danke ihr besonders dafür. Milica möge uns von Zeit zu Zeit Nachricht geben; selbst wenn wir vorläufig noch nicht viel schreiben können, freuen wir uns immer über ihre Nachrichten ... Bitte, grüsse auch Helene und sage ihr, dass Tete noch ziemlich krank ist. Ich weiss nicht, ob ich noch dazu komme, ihr zu schreiben, doch wünsche ich ihr viel Glück zum neuen Jahr.»

Auch Einstein hatte bereits früher bemerkt, dass mit seinem Liebling etwas nicht in Ordnung war. Nach krankhaft rührenden Briefen verwandelte sich Tetes leidenschaftliche Liebe zum Vater in offenen Hass. Im Frühsommer 1930 bekam dieser von ihm einen rachsüchtigen Brief voll bitterer Vorwürfe, die fieberhafte Beichte eines Kranken. Dann kam ein noch ärgerer Brief, in dem er den Vater anklagte, sein Schatten laste auf ihm schwerer als Erz und richte ihn zugrunde. Er bekannte offen, dass er ihn hasse. Verwirrt kam Einstein nach Zürich. Er traf Mileva verzweifelt, doch ruhig und gesammelt an. Man wusste nicht, woher die Brutalität dieses Zustandes bei Eduard kam. Nach seiner Ankunft verhielt sich Tete zu ihm bald zärtlich und liebevoll, bald äusserst grob. Er sah selbst ein, dass sein Verstand nachliess, doch gab er seinem Vater die Schuld dafür.

Tete studierte Medizin. Ein Wärter begleitete ihn zu den Vorlesungen. Er lernte fleissig und fasste alles vortrefflich auf. In der ersten Zeit verfolgte er die Entwicklung seines Leidens mit grosser medizinischer Einsicht. Als die Ärzte in einem Konsilium die Symptome seines Leidens besprachen, machte er sie äusserst klar auf gewisse Veränderungen aufmerksam, die sie nicht erwogen hatten.

In Alberts Berliner Familie war man der Ansicht, diese Krankheit sei ein mütterliches Erbe. Es ist schwer zu entscheiden, wie weit diese Meinung berechtigt ist. Gab es da nicht Einflüsse von beiden Seiten, die in den dunkelsten Seelengründen zusammenschliessen, eng verwoben und unversöhnlich entgegengesetzt? Tete selbst hatte das Gefühl, zusammengebrochen zu sein unter der Last alles dessen, was er an sich ziehen wollte, um dem Vater gleich zu werden.

Von seiner ersten Ehe sprach Einstein zu niemandem mehr. Milevas Heim besuchte er wie sein eigenes, doch immer seltener. Auch sie ging einige Male zu ihm nach Berlin, wie sich die dortige Hausangestellte Herta W. erinnerte, «aber nach meiner Erinnerung allein, ohne die beiden Söhne. Sie hat auch nicht in der Haberlandstrasse gewohnt, sondern kam dorthin nur zu Besuch. Herr Professor sass dann mit ihr in der Bibliothek, und sie haben sich freundschaftlich unterhalten, etwa ein bis zwei Stunden. Auch Frau Professor war dabei.»

Sein Schwiegersohn, der Mileva beim Verlassen des Standesamts erblickt hatte, beschreibt sie wie folgt:

Mittelgross, mit tiefen, flammenden Augen, das Gesicht streng, verschlossen wie eine Gipsmaske, ohne eine Spur von etwas, das Albert hätte anziehen können. Diese von Albert nicht mehr erwähnte Ehe war aus drei Gründen geschlossen worden:

1. Häufiges Beisammensein mit der Kollegin.
2. Sie war Mathematikerin.
3. Bedürfnis nach einem geregelten Leben, nach Befreiung von den Sorgen um den Alltag.

Diesen dritten Teil der Begründung kann man darauf zurückführen, dass der Schwiegersohn unter dem Einfluss von Einsteins Berliner Umgebung stand, wo man ohne Verantwortungsbewusstsein, oft auch zynisch über Leben und Schicksal einer grossen, tragisch missverstandenen Frau urteilte.

Diese Grösse zu sehen war man dort unfähig, diese eigenwillige Strenge gegen sich, dieses still leidenschaftliche Opfern aller eigenen Ambitionen, um der Grösse eines Mannes zu dienen, dem sie niemals versicherte, sie werde ihm «auf ihre Art» treu bleiben, dessen Ansehen sie jedoch auf ihre grossartige treue Art immer schützte, mit der reinsten Freude an allen seinen Erfolgen.

Zu ihrer bewussten, strengen Selbsterziehung gehörte auch, dass sie sich vollständig in die Sitten und Gebräuche ihrer zweiten Heimat einlebte, wo sie sich so wohl fühlte. Sie wurde eine richtige Schweizer Musterhausfrau, kompetent in den verschiedensten Fragen des Haushaltes. Eva Meili, die Tochter ihrer alten Freundin Ruža Sonderegger-Šaj, erinnert sich, nirgends so gute «Berliner» gegessen zu haben wie bei Tante Mitza. Sie zog Blumen, besass eine der schönsten Kakteensammlungen der

Schweiz. Sie frischte ihre biologischen Kenntnisse auf und beschäftigte sich mit Selektionen und anderen Forschungen, zu Hause und im Botanischen Garten der Universität. Das diente ihr zur Erholung, während die Sorge um den unglücklichen Sohn die Hauptsache blieb. Er wurde von Zeit zu Zeit in der Heilanstalt Burghözli behandelt; war er zu Hause, so wachte die Mutter über ihn. Trotz allem Leiden verbreitete sie Ruhe um sich.

«Neben ihr fühlte man harmonische Ruhe», sagt ihre Bekannte, die Malerin Bosa Valić-Jovančić.

1930 weilte Mileva in Belgrad als Milanas Gast. Hier zeigte ihr Bosa eine kostbare alte Ochrider Tracht. Mileva bat sie, ihr eine solche zu beschaffen, und lud sie zu sich nach Zürich ein. Noch im selben Jahr erfüllte ihr Bosa diesen Wunsch und blieb, auf der Durchreise nach Paris, einige Tage bei ihr. Sie hatte nichts von Tetes Krankheit gewusst, doch bemerkte sie, dass sein Zustand ernst war, weil er heftig auf Kleinigkeiten reagierte, die er als persönliche Beleidigungen auffasste. Als er eines Tages mit einem neuen Hut von seltsamer Form nach Hause kam, lachte Bosa gutmütig, worauf er einen Wutanfall bekam. Mileva beruhigte ihn. Bosa erinnert sich, wie die Mutter auf jedes seiner Gespräche, auf jede Bewegung, auf jeden Blick achtete.

«Einmal», so erzählte Bosa, «sass ich mit Tete im Zimmer. Die Tür zu meinem Zimmer war offen. Dort standen meine neuen Pantöffelchen mit grossen Pompons. Mileva war in der Küche, bei offener Türe, so dass sie Tete beobachten konnte. Sie bemerkte, dass er den Blick nicht von den Pantöffelchen lösen konnte und fortwährend krampfhaft darauf starrte. Mileva lenkte unsere Aufmerksamkeit auf anderes und schloss die Tür meines Zimmers.»

Da Einsteins Überweisungen unregelmässig waren, erteilte Mileva zu jener Zeit Physikunterricht an einem Lyzeum. Bosa schenkte sie Ewald Benders Werk «Das Leben Ferdinand Hodlers» mit ihrer Widmung. Dieses Buch hütete die Malerin «als die liebste Erinnerung an die Zeit, die ich mit Mileva Einstein zubrachte, mit dieser ganz ungewöhnlichen, herrlichen Frau.»

Obwohl sie vor jeder öffentlichen Anerkennung zurückscheute und infolge ihrer tiefen Verschlossenheit ihre eigenen Arbeiten und Bestrebungen ihr ganzes Leben hindurch unbemerkt blieben, entging ihre Persönlichkeit aufmerksamen Beobachtern nicht. Nie kann jemand mit Worten ganz erfasst werden, und bei ihr war das wegen ihrer angeborenen Schweigsamkeit noch schwerer; doch konnte man ihr reiches und starkes Innenleben fühlen. Warum jemand gerade den und den Weg wählt, durch die und die Erlebnisse durchgeht und dabei glücklich oder unglücklich wird, darauf gibt es keine Antwort, wie man auch nicht sicher sein kann, welche Folgen es gehabt hätte, wenn andere Ereignisse eingetreten wären.

Schon gleich am Anfang, als Mileva und Einstein einander nähertraten, kamen zwei Welten miteinander in Berührung, die später, in der intimen Lebensgemeinschaft, schmerzlich auseinanderbrechen mussten.

Einsteins neues Heim in Berlin bot ihm die idealsten Möglichkeiten zu ungestörter Arbeit, dabei die Nähe blutsverwandter Menschen. Doch konnte das alles den Berner Aufschwung nicht erneuern. Philipp Frank sagt in «Einstein, sein Leben und seine Zeit»: «Frau Elsa konnte nicht, wie es seinerzeit Mileva Marić in Zürich getan hatte, mit ihm die Werke der grossen Physiker studieren».

Am 7. April 1920 schreibt Einstein seinem Freund Paul Ehrenfest: «Ich habe volles Vertrauen in den Relativitätsgedanken. Wenn alle Fehlerquellen beseitigt sein werden (irdische Lichtquellen), wird es schon richtig herauskommen. In der allgemeinen Relativitätstheorie habe ich keinen Fortschritt mehr gemacht. Noch immer steht das elektrische Feld unverbunden da. Eine Übereinstimmung gelingt nicht. Auch in der Elektronenfrage habe ich nichts herausgebracht. Liegt's an meinem verhärteten Gehirn oder liegt eine rettende Idee wirklich so fern? ... Ich lese mit Begeisterung die Brüder Karamasov. Es ist das wunderbarste Buch, das ich je in der Hand gehabt habe ... Hier ist äusserlich wieder Ruhe eingekehrt, aber es klaffen Gegensätze von ungeheurer Schärfe ... wohin wir politisch steuern, weiss kein Mensch. Der Staat ist zur äussersten Ohnmacht herabgesunken. Neben ihm befinden sich die Hauptmächte Säbel, Geld, extrem sozialistische Verbände.»

177

Deutschland durchlebte nach der Niederlage im Ersten Weltkrieg schwere Tage und heftige Erschütterungen. Der Judenhass wurde stärker; böswillig wurde behauptet, die Juden hätten die Niederlage verschuldet. Immer häufiger besuchte Einstein Holland und die Schweiz, die er als Friedensinseln im allgemeinen Chaos betrachtete. In Holland wohnte er bei Ehrenfest, in der Schweiz bei Mileva und den Söhnen. Sie zitterte um ihn, sooft er nach Berlin zurückkehrte und war nur ruhig, wenn er ausserhalb Deutschlands war.

Von 1919 bis 1932 reiste er oft und lange in Begleitung seiner zweiten Frau Elsa, die um fünf Jahre älter und kränklich war. Er besuchte die USA, Frankreich, China, Japan, Palästina und Spanien. In Japan erreichte ihn die Nachricht, dass er den Nobelpreis – 10. November 1922 – für Physik erhalten habe, «für Verdienste auf dem Gebiet der theoretischen Physik, insbesondere in der Theorie des photoelektrischen Effekts».

Nach den Statuten des Nobelpreises ist der Preis für Physik grundsätzlich für die physikalische Entdeckung zu verleihen, die der Menschheit am meisten Nutzen bringt. Deshalb beriet die Kommission der Schwedischen Akademie der Wissenschaften lange, welchem Werk Einsteins der Preis zugesprochen werden solle. Die Relativitätstheorie ist keine Entdeckung, sie stellt bloss ein Prinzip auf, nach dem viele Tatsachen einfacher ableitbar werden, und diese Tatsachen waren grossenteils

179

schon vorher bekannt. Im photoelektrischen Effekt liegt wohl eine Entdeckung, aber keine neue Erfindung. Daher kam die verallgemeinernde Formulierung «für Verdienste auf dem Gebiet der theoretischen Physik». Als anschliessend ein Kongress der Nobelpreisträger in Göteborg abgehalten wurde, erwartete man mit der grössten Spannung den Vortrag Einsteins. Er wählte das Thema, das er als das bedeutendste betrachtete: «Grundgedanken und Probleme der Relativitätstheorie».

Nach dem Empfang des Nobelpreises reiste Einstein nach Zürich und übergab den ganzen Betrag dieser höchsten Ehrung für Arbeiten aus den gemeinsamen glücklichen Berner Tagen Mileva, nicht etwa den Kindern. Man könnte sich vorstellen, dass diese Zuwendung, ganz unabhängig von seinen Unterhaltspflichten, auch ein Zeichen seiner Anerkennung für ihre Mitarbeit war, gleichsam ein Ausdruck jener «Treue auf seine Art», die er ihr nach der Scheidung zugesichert hatte.

Einer seiner Biographen, Leopold Infeld, der 1938 an seiner «Evolution of Physics» und an den «Gravitational Equations and the Problems of Motion» mitgearbeitet hatte, sagt, Einsteins Leben sei voll schicksalhafter Ironie und äusserlicher Widersprüche gewesen. Seine wichtigste wissenschaftliche Arbeit habe er als kleiner Beamter des Patentamtes in Bern geschrieben!

Ja, in jenen glücklichen Berner Tagen, als er in einer kollegialen und kongenialen Umgebung, in stürmischem Meinungsaustausch mit Angelo Besso und Lucien Chavan arbeitete und ihm jener Mensch, in den er mit Recht das grösste Vertrauen setzte, die mathematischen Grundlagen lieferte. Infeld kannte diese Umstände nicht, doch erkannte er deren Folgen, ebenso wie David Reichenstein, dem auffiel: «Merkwürdig, wie fruchtbar eine kurze Zeitspanne seines Lebens war. Nicht nur seine Spezielle Relativitätstheorie, sondern eine Menge anderer grundlegender Arbeiten trägt das Datum 1905.»

Einstein erwies sich Mileva erkenntlich auf die ihm eigene Art, wie und wann er konnte. Von dem Geld des Nobelpreises kaufte sie in Zürich drei Häuser. Zwei davon wurden bald verkauft, um die durch die Krankheit des Sohnes verursachten Schulden und Kosten zu decken. Im dritten, Huttenstrasse 62, wohnte sie fast bis zu

Das Haus Huttenstrasse 62 in Zürich

ihrem Tode, zuletzt nicht ohne grosse Schwierigkeiten und Unannehmlichkeiten. Aus dem Grundbuch ist es ersichtlich, dass Mileva dieses Haus am 20. Juni 1924 kaufte. Sie blieb in dessen Besitz bis am 20. Januar 1939, als sie es einer Royalty Corporation in New York verkaufte. Auf die Frage, ob ihr durch diesen Verkaufsvertrag das lebenslängliche Wohnrecht gewährleistet wurde, antwortete eine Amtsperson, nach gewissenhafter Prüfung des Dokuments, im Vertrage sei dies mit keinem Wort erwähnt. Die Royalty Corporation blieb bis zum 20. Oktober 1947 im Besitz des Hauses, als Walter Siegmann es erwarb, der es jedoch bereits am 15. Dezember desselben Jahres weiterverkaufte; heute gehört es dem Kanton Zürich.

Hinter der Royalty Corporation stand Albert Einstein selbst, der mit dieser Transaktion verhinderte, dass das Haus Huttenstrasse 62 an die Hypothekargläubier der beiden anderen Häuser fiel, die sich (nach Einstein) als ungünstige Anlagen erwiesen hatten, so dass Mileva Ende der 30er Jahre mit den Zinszahlungen in Verzug geraten war. Mileva war nun formell nicht mehr Besitzerin des Hauses, hatte aber eine Generalvollmacht. Sie bezog den Mietzins, zahlte den Hypothekarzins und behielt den Rest für sich und Eduard. Einstein schickte ihr ausserdem monatlich 350 Franken und übernahm die Aufwendungen für Reparaturen, Steuern und eine Reduktion der Hypothek. Nach seiner Darstellung brauchte er dafür einen grossen Teil seiner Ersparnisse auf.

1930 erkrankte die Mutter von Mileva, die nach Novi Sad reiste, um sie zu pflegen. Auf der Rückreise besuchte sie ihre kranke Freundin Milana in Belgrad. Diesmal war es Frühling, während sie sonst Jugoslavien im Spätsommer zu besuchen pflegte. Im selben Jahr starb Milana, und Mileva lud deren Tochter Milica wieder zu sich ein. Doch wie anders war es jetzt! So düster grau nach jenen heiteren Tagen vor zwei Jahren, als Albert dort zu Gaste war. Doch Mileva interessierte sich lebhaft für die neue serbische Literatur, und als Milica sie auf das «Vermächtnis von den Geschenken meiner Verwandten Maria» von Momčilo Nastasijević hinwies, bat sie um ausführliche Auskunft darüber. Sie rief Tete herbei, damit er den Inhalt mitanhöre. Sie übersetzte ihm, was sie in diesem Werk für besonders interessant hielt. Miliča merkte keine Veränderung an ihm, weder im Benehmen noch im Gesichtsausdruck.

Zu jener Zeit bereiste Einstein mit seiner zweiten Frau die Vereinigten Staaten. Einer feierlichen Versammlung von Wissenschaftern an der Columbia University, wo er einen Vortrag hielt, wurde er vom damals bedeutendsten Physiker Amerikas vorgestellt, von Michael Pupin (1858–1935), einem engeren Landsmann Milevas aus dem Banat. Seit 1889 war er Professor an der Columbia University.

Über ihn schreibt Philipp Frank, Einsteins Nachfolger in Prag, dieser bedeutende Mann habe sich aus einem serbischen Hirtenknaben zu einem der ersten Erfinder und Wissenschafter der Welt entwickelt; seine Untersuchungen elektrischer Erscheinungen hätten die Legung des transatlantischen Kabels ermöglicht. Er habe alle Theorien mit dem gesunden Sinn des Praktikers betrachtet und habe in Einstein nie, wie so viele andere, einen Erfinder toller Sensationen gesehen, sondern den Entdecker einer Theorie, die eine Evolution, keineswegs eine Revolution in der Wissenschaft von den Kräften bedeute.

Pupin erfand viele elektrische Apparate, von denen der wichtigste die «Pupinsche Spule» (1899) ist, dank der elektrische Energie auch durch Leitungen mit kleinem Querschnitt übertragen werden kann und die lange das einzige Mittel war, Telefonverbindungen über grosse Distanzen mit klein dimensionierten Kabelleitungen zu ermöglichen.

Einstein verneigte sich tief vor Pupin und sagte, er sei glücklich, einen Mann persönlich kennenzulernen, den er bewundere und aus dessen Arbeiten er oft Nutzen gezogen habe. Nach dem offiziellen Teil der Festlichkeit, während des gemeinsamen Essens, sprachen die beiden über allerlei, und so erwähnte Einstein auch, seine erste Frau sei eine Serbin und stamme ebenfalls aus der Vojvodina. Er erzählte ihm auch von seinem Besuch in Novi Sad und von seinen Eindrücken und sagte, Pupin sei ihm ein neuer Beweis der hohen Begabung des serbischen Volkes.

Dachte er in jenen Augenblicken, wie glänzend jene kleine serbische Studentin ihm bei der Lösung schwierigster Fragen geholfen, wie sie ihren klugen Kopf ganz seinem

183

Aufstieg zur Verfügung gestellt hatte? Jedenfalls war der Eindruck von der Begegnung mit Pupin so stark, dass er Mileva davon schrieb.

Von 1930 bis 1932 hielt er Vorlesungen am Institute of Technology in Pasadena in Kalifornien. Dann kam er, im Einverständnis mit dem Preussischen Unterrichtsministerium, wieder nach Berlin und hielt im Sommersemester 1932 Vorlesungen an der Universität. Für das kommende Wintersemester war schon verabredet, dass er am Institute for Advanced Studies in Princeton (N.J.) lesen sollte. Der Zweck dieses Institutes war, hervorragenden Wissenschaftern, besonders Mathematikern, Physikern, Naturforschern und Historikern, ein freies Forscherdasein zu ermöglichen, ohne materielle Sorgen und sonstige Abhängigkeiten. Diese Schule hat 18 Lehrer, die übrigen Mitglieder sind Gäste, als Vortragende oder als Hörer. Bei ihrer Wahl entscheiden weder Nationalität noch Rasse, Konfession oder Geschlecht, sondern einzig der Wert ihrer wissenschaftlichen Leistungen und Veröffentlichungen. Diese Anstalt hat sich zur angesehensten ihrer Art entwickelt. Einstein war bis zu seinem Tode eines ihrer ständigen Mitglieder.

In der geräumigen Wohnung im dritten Stock in der Huttenstrasse 62 lebte jetzt Mileva allein mit ihrem Sohn und seinem Wärter. Auf der grossen Terrasse pflegte sie ihre Sukkulenten und anderen Pflanzen. Schon am Anfang ihrer Ehe hatte sie Blumen gezogen, wo immer sie konnte, auf Terrassen und Fensterbänken. Das Haus steht auf einer Anhöhe im schönsten Teil der Stadt. Von der Terrasse und von Tetes Fenster sieht man das Limmattal, den Uetliberg und die Stadt in der Ebene. Noch schöner ist die Aussicht nach Südosten, wo Zürich wie ein Hufeisen das Ende des langen Sees umrahmt. Nach dieser Seite wird der Horizont von den Glarner Alpen und von den Bergen des Berner Oberlands abgeschlossen; an klaren Tagen sieht man die Spitzen der Jungfrau. Einen besonderen Genuss bietet das nächtliche Panorama der beleuchteten Stadt, sei es bei dem in dieser Stadt häufigen Regenwetter, sei es in klaren Mondnächten. Mileva sass oft auf dieser Terrasse mit ihrem Sohn oder allein in langen, schlaflosen Nächten.

1932 fand in Zürich ein Kongress der «Freundinnen Junger Mädchen» statt, an dem auch Dr. Milica Bogdanović, eine Professorin aus Zagreb, als Delegierte teilnahm. Durch Frau Sonderegger, die auch das Mädchenlyzeum in Zagreb absolviert hatte, wurde sie mit Mileva bekannt, die beide zum Tee einlud. Mileva erschien Frau Bogdanović «wie ein Rekonvaleszent, der sich im Sonnenschein ausruht. Sie war sehr freundlich, doch sprach sie fast gar nicht. Sie entschuldigte sich, indem sie sagte, es bereite ihr Freude, einem serbischen Gespräch zuzuhören».

Frau Bogdanović erinnerte sich, dass Malvina Gogić, Inspektorin im Unterrichtsministerium in Belgrad, ebenfalls Mathematikerin und mit Mileva gut bekannt, sagte, sie wisse, dass diese ihrem Manne viel geholfen habe, besonders für die mathematischen Grundlagen seiner Theorie, doch habe sie es immer vermieden, davon zu reden.

Der Mutter von Mileva tat es weh, dass diese ihre Kinder nicht serbisch gelehrt hatte, und sie so mit ihren Enkeln nicht reden konnte. Mileva selber, obwohl Schweizer Bürgerin, verlor nie die Verbindung mit der Heimat und war ein aktives Mitglied des schweizerisch-jugoslawischen Vereins seit dessen Gründung. Besonders stetig war die Verbindung mit Jugoslavien solange die Mutter lebte. Diese hatte noch ein Familienmitglied, mit dem sie nicht reden konnte: Marthe, die Frau ihres Sohnes Miloš, eine Französin, die nie serbokroatisch gelernt hatte, und während des Ersten Weltkrieges bei ihr lebte.

Die politische Entwicklung in Deutschland schlug schon 1933 einen verhängnisvollen Weg ein. Die Judenverfolgungen verstärkten sich immer mehr. Gerade Anfang 1933 war Einstein nach Europa gekommen. Im Mai oder Juni dieses Jahres gingen die Rechtsanwälte Dr. Alexander Moč und Dr. Kosta Hadži aus dem Gerichtsgebäude. Als sie am Kaffeehaus «Zur Königin Maria» (jetzt «Vojvodina») vorbeikamen, machte Dr. Moč seinen Freund auf einen markanten grauhaarigen Herrn aufmerksam, der dort an einem Fenster sass, und fragte ihn: «Weisst du, wer das ist?» – «Das Gesicht kommt mir bekannt vor, doch weiss ich nicht, wer es ist», antwortete Dr. Hadži. «Das ist doch der berühmte Physiker Albert Einstein. Wir wollen ihn begrüssen und mit ihm plaudern». Dr. Moč hatte sich an ihn erinnert, weil Einstein am gleichen Platz sass wie früher.

Die Freunde traten ein und knüpften mit Einstein ein Gespräch an. Er sagte ihnen: «Es kommen schreckliche Tage für die Juden in Deutschland, denn die Macht ist in den Händen eines Irrsinnigen.» Weshalb er nach Novi Sad gekommen war, sagte er

186

Mileva mit ihren Kakteen

nicht, auch nicht, ob er seine ehemalige Schwiegermutter an der Kisačka 20 besucht hatte. Ebenso ist es unbekannt, ob er damals nach Belgrad ging; von seinen dortigen Freunden besuchte er niemand. Deutschen Boden betrat er weder damals noch später je wieder. Bis zum Herbst weilte er im belgischen Seebad Coq bei Ostende. Schon während seiner Reise nach Belgien begann in Deutschland eine offene Hetze gegen ihn und seine Werke. Er verlor die deutsche Staatsbürgerschaft, die ihm 1914 verliehen worden war. Sein Vermögen wurde beschlagnahmt und ein Preis von 50000 Mark auf seinen Kopf ausgesetzt. Sein Haus in Caputh bei Berlin wurde ausgeraubt und demoliert. Als man ihm das mitteilte, bemerkte er bitter: «In früheren Jahren brachen nur Privatherrschaften hie und da bei mir ein. Jetzt wird mir diese Ehre von leitenden Herrschaften erwiesen.»

Er war sehr besorgt um das Schicksal der Töchter Elsas und beruhigte sich erst, als er erfuhr, sie seien ausserhalb Deutschlands. Selbst unter seinen Kollegen in der Preussischen Akademie gab es nazistisch Gesinnte, die den Juden Einstein heftig angriffen und seine Werke «eine Schande für Deutschland» nannten.

Am 9. September 1933 ging er nach England und von dort aus mit Elsa, die sich in Belgien eingeschifft hatte, bei Nacht insgeheim nach Amerika. Mit den beiden reisten Elsas jüngere Tochter Margot mit ihrem Mann und Einsteins Sekretärin Helene Dukas.

Eduards Krankheit ist jetzt auch der weiteren Umgebung erkennbar. Er ist sehr dick und meist in einem lethargischen Zustand, doch macht er anfallsweise einen Höllenlärm mit allem, dessen er habhaft wird. Der Mutter klagt er über sein Leiden, über die innere Unruhe, die ihn zermalmt, über unerträgliche Schmerzen in den Ohren und im Kopf. Er erklärt ihr, man müsse jenes Etwas, das in ihm sitze, zerschlagen, sonst werde es wachsen und ihn zersprengen. Ihr zieht sich das Herz zusammen. Helfen kann sie nicht, muss aber ausharren, obwohl es ihre Kräfte übersteigt. Diese lassen nach, und so kommen jetzt in ihr auch Neigungen zum Vorschein, die sie früher streng beherrscht hatte. Sie wird krankhaft geizig und fürchtet, völlig mittellos zu werden.

Die Familie Hurwitz hatte Eduard seit seiner Kindheit als zart und kränklich gekannt. Seine Zerrüttung beschreibt Lisbeth am 1. Juli 1934: «Er ist unruhig, sehr dick, liest nur Bücher über grosse Männer, zum Beispiel Napoleon, oder unanständige Theaterstücke.» Die meiste Zeit verbrachte er liegend, ohne irgendein Interesse an den Dingen, die ihn ehemals anzogen. Alle Versuche seiner Mutter, ihn diesem Zustand zu entreissen, blieben erfolglos. Wenn es ihm einfiel, sich ans Klavier zu setzen, so hämmerte er so unsinnig drauf los, dass Leute aus den Nachbarhäusern kamen, sich zu beklagen.

ОВДЕ ПОЧИВАЈУ
МИЛОШ МАРИЋ
1846 — 1922
МАРИЈА МАРИЋ
1842 — 1935
ЗОРКА МАРИЋ
1883 — 1938

Das Grab der Eltern und der Schwester in Novi Sad

Aus Novi Sad berichtete man immer ungünstiger über die Krankheit von Milevas Mutter und Zorkas Unzurechnungsfähigkeit. Die Mutter starb am Neujahrstag 1935 mit 88 Jahren an Altersschwäche. In Novi Sad erinnert man sich noch, wie Zorka, zerlumpt und zerzaust, in die Begräbnisanstalt kam und den teuersten Sarg sowie die feierlichste Bestattung bestellte. Der Unternehmer traute der Sache nicht und fragte sie, ob sie das Geld dazu habe. Sie zog einen Haufen Banknoten aus der Tasche und bat ihn, die Kosten genau anzugeben. Er machte die Berechnung und gab dann die Summe ungenau an. Sie machte ihn ruhig auf den Fehler aufmerksam und nannte ihm die Summe ganz genau, obwohl sie das Papier gar nicht angeschaut hatte. Er war verblüfft und erzählte überall davon. Das war eine ihrer Lucida intervalla. Während der ganzen Begräbnisfeierlichkeiten benahm sie sich vollkommen normal. Mileva kam erst nach der Bestattung an.

Zorka blieb ganz allein in der Wohnung, mit etwa 50 Katzen, die sie gewissenhaft betreute, die sie jedoch in Erwartung ihrer Schwester anderswo unterbrachte. Mileva wurde in der gelüfteten und in Ordnung gebrachten Wohnung empfangen. Zorka sprach mit ihr, bemühte sich jedoch eifersüchtig, sie von anderen Leuten fernzuhalten. Sie mochte nicht, dass Mileva ausging, sich mit dem Ordnen des Nachlasses beschäftigte und sich um Zorkas Unterhalt kümmerte. Selbst wenn Mileva sich in

191

Hof und Garten ein wenig Bewegung machen wollte, guckte Zorka alle Augenblicke heraus, um zu sehen, was sie treibe, ob sie mit einem der Mieter spreche.

So fand Mileva auch im Elternhaus, wie daheim in Zürich, nur schweres, unbesiegbares Leid vor. Eine Verwandte fragte: «Wie lebst du, Mica?», und sie antwortete: «Ich lebe eben.» Wie hätte sie auch, selbst wenn sie gewollt hätte, mit Worten ausdrücken können, wie ihr Leben beschaffen war!

Zorka hasste und verachtete die Menschen. Den grossen Garten besorgte sie ganz allein, und den Hof hatte sie mit Blumen bepflanzt; doch wehe dem, der sich unterstanden hätte, etwas davon zu berühren. Daseinsberechtigung erkannte sie nur Pflanzen und Tieren zu. Mit ihnen sprach sie zärtlich. Sie war eigentlich schön, doch sobald sie mit Menschen sprach, verzerrte sich diese Schönheit zu einer Fratze unerträglichen Ekels.

Nach Zürich zurückgekehrt, sinnt Mileva neben ihrem kranken Sohn über die einsame, unglückliche Schwester und über den fernen Gatten, dem sie wünscht, er möge nie die Abgründe schauen, die sich ihr geöffnet hatten. Wie Lisbeths Tagebuch berichtet (13. Juni 1937), geht es Tete schlecht, er liest überlaut, liegt, geht fast nicht mehr aus. Er möchte mit grossem Lärm die Qual in den Ohren abtöten. Die Mutter versucht, sie durch Musik zu lindern, doch er verträgt keine Harmonie mehr, wird böse und weint. So lässt sie ihn, wenn sie alle Fenster geschlossen und mit Kissen verstopft hat, aufs Klavier losschlagen. Aber das nützt nichts; fortwährend läuten protestierende Nachbarn an der Tür.

1938 kam die Nachricht von Zorkas Tod, und Mileva reiste sofort nach Novi Sad in ihr verödetes Elternhaus. Zorka hatte sich dem Trunk ergeben. Sie nährte sich elend, doch betrank sie sich in ihrer Einsamkeit. Für die Katzen aber kaufte sie regelmässig Kipfel und Milch. Hier der Bericht einer Frau, die noch zu Lebzeiten der Mutter Marić in deren Haus gewohnt hatte und oft Zeugin von Zorkas groben Ausfällen gegen sie war:

«Ich erinnere mich gut an Zorkas Tod. Wir alle hatten Angst vor ihr wegen ihrer Ausfälle, und niemand von uns betrat ihre Wohnung. Sie sperrte sich stets ab. Ein unerträglicher Gestank drang aus der Wohnung. Als wir sie drei Tage weder gehört noch gesehen hatten, waren wir besorgt und klopften an die Tür, doch niemand antwortete, und so benachrichtigten wir die Behörde. Die Türe wurde aufgebrochen und Zorka in der Küche tot aufgefunden, auf Stroh auf dem Fussboden liegend. Die Katzen hatten sie nicht angerührt, denn die hatten überall in der Wohnung Futter gefunden.»

Mileva blieb diesmal zwei Wochen in Novi Sad und wohnte bei der Familie der Frau Sidonie Gajin. Sie bat deren Tochter Mira, sie zur Prinz-Tomislav-Brücke zu begleiten. Diese war 1929 erbaut worden, nach einem Plan, den Hans Albert als Statiker in eine Dortmunder Eisenbaufirma ausgearbeitet hatte. Die Brücke gehörte zu den nach dem Ersten Weltkrieg von Deutschland geleisteten Reparationen. Der Anblick erregte Mileva sichtlich, doch sprach sie kein Wort. Für sie war diese Brücke nicht nur eine Verbindung zwischen den beiden Ufern der breiten Donau, sie war auch die Verwirklichung einer Idee ihres fernen Sohnes in ihrem Heimatland. Hier, in ihrer heimatlichen Bačka, sah sie einen Gedanken ihres Sohnes in Beton und Stahl ausgedrückt. Den Sohn sollte sie nie mehr sehen, und die Brücke wurde im Zweiten Weltkrieg zerstört.

Das war Milevas letzter Besuch in Novi Sad, in Jugoslawien überhaupt. Während dieses Aufenthaltes strickte sie für Mira einen Jumper, den diese noch immer aufbewahrt zur Erinnerung an ihre gute Gevatterin Mica.

Albert Einstein erlangte am 1. Oktober 1940 die amerikanische Staatsbürgerschaft, doch die schweizerische, die ihn in der Jugend so viel Entbehrungen gekostet hatte, gab er nicht auf. Das bekräftigte er am 24. August 1948 in einem Gespräch mit Dr. Gustav Wissler: Er liebe die Schweizer, weil sie, so im allgemeinen, menschlicher seien als die Leute, unter denen er anderwärts gelebt habe. Ausserdem achte er den schweizerischen Staat. Als Professor Rudolf Nissen, der ihn 1948 in New York operiert hatte, im Begriffe war, 1952 an seine neue Wirkungsstätte Basel zu reisen, sagte ihm Einstein, er gehe jetzt an den schönsten Erdenfleck, den er kenne. Er liebe die Schweiz ebensosehr, als sie ihn nicht liebe!

193

Während er die Sympathien der Schweizer stets bezweifelte, fand Mileva nie Grund, nicht an die Liebe und Hochachtung zu glauben, die sie in diesem Lande genoss. Sie liebte dieses Land aufrichtig und wurde von ihm gleichermassen wiedergeliebt. Und doch blieb in ihr stets das sehnsüchtige Heimweh nach ihrem Tschajkistenländchen, nach dem durchsichtigen Grün der Theiss, nach den weiten Horizonten der Vojvodina. Das trug sie tief in sich verschlossen, das pochte im Rhythmus ihres Herzens.

Einstein lebte in Amerika in Princeton N.J., arbeitete am Institute for Advanced Studies und las an der Universität. Er kaufte ein Haus, ein einfaches zweistöckiges Gebäude in einem grossartigen Garten. Sein Arbeitszimmer befand sich im zweiten Stock. Vom Schreibtisch sah man durch ein Fenster, das die ganze Wand einnahm, in den Garten.

Schon 1934 war Elsas ältere Tochter Ilse in Frankreich gestorben, worauf sie selber schwer herzkrank wurde. 1936 starb sie. Philipp Frank, der Mileva und ihre Verdienste sehr gut kannte, sagt in seiner Einstein-Biographie, Elsa habe weder den scharfen Intellekt noch die vollkommene Entsagungsfähigkeit besessen, die in der Natur einer slavischen Studentin liege. Doch war sie Einstein sehr ergeben und sorgte fast mütterlich für ihn. Sie liebte Ruhm und Luxus, und das konnte sie neben ihm vollauf geniessen. «Ich bin froh, dass meine Frau von der Wissenschaft nichts versteht», sagte Einstein später zu einem Kollegen. «Meine erste Frau tat's nämlich.»

Einstein war damals schon eine legendäre, von Anekdoten umwobene Persönlichkeit. Ein kleines Mädchen aus Britisch Kolumbien schrieb ihm, um herauszufinden, ob es ihn wirklich gebe («I am writing to you to find out whether you really exist»). Er arbeitet weiter an den Problemen, die er sich gestellt hatte. Das Feuer glimmt, die glühenden Kohlen wärmen, doch sie flammen nicht mehr auf wie in den Berner Tagen. Es war einmal ... Das war nur möglich gewesen in jener Umgebung, in jener Gesellschaft, vor allem dank dem unschätzbaren Halt, den ihm seine geniale, an ihn so fest glaubende Frau bot. Bei Milevas Freunden bestand sogar die Meinung, der erste Anstoss zur Speziellen Relativitätstheorie sei von ihr ausgegangen. Wie gross ihr Anteil, ihr Verdienst an seinem Schaffen ist, kann vorläufig nicht festgestellt werden. Ihr Briefwechsel liegt im «Estate of Albert Einstein» versiegelt in New York und wird unter verschiedenen Vorwänden unzugänglich gehalten. In den letzten Jahren bediente sich Einstein seiner Sekretärin Helene Dukas für die Korrespondenz mit Mileva. Auch diese Briefe liegen unter Verschluss.

Sie lebt in ständiger Sorge um den unglücklichen Tete. Seine Pflege, Bewachung, sein zeitweiliger Aufenthalt in der Heilanstalt verursachen grosse Kosten, und so gibt sie noch immer Mathematik- und Klavierstunden. Erholung bieten ihr ihre Blumen, deren Pflege sie sich, wie in allem Tun, als Kenner und Forscher widmet. Die Geselligkeit hat sie auf einige vertraute Personen beschränkt. Selten geht sie ins Café, um mit Freunden zusammenzukommen; hie und da ins Kino mit Freunden oder mit Tete und seinem Wärter. Am 6. September 1938 sieht sie mit Lisbeth Hurwitz einen Film nach Tolstojs «Kreutzersonate» an. Auch am 4. Januar 1939 vermerkt Lisbeth einen gemeinsamen Kinobesuch.

Die Musik gab ihr Trost und Kraft, doch konnte sie dieses Bedürfnis nur in Tetes Abwesenheit befriedigen, weil der Unglückliche sie in keiner Form mehr vertrug.

Mit den Jahren wurden ihre körperlichen Schwächen quälender, manchmal unerträglich. Dadurch wurde ihre stolze Schweigsamkeit nach und nach besiegt, so dass sie sich mitunter Freunden gegenüber beklagt, ja es sogar Einstein verargt, dass er sich nicht um den kranken Sohn und wenig um sie kümmert. Ihre Freundin Dr. Ada Broch in Zagreb schreibt Albert Einstein deswegen, mahnt ihn an seine Pflicht, zeichnet ein düsteres, das heisst durchaus wahres Bild von Tetes Zustand und bittet ihn, er möge so rasch als möglich Geld senden.

Tetes Aufenthalte in der Heilanstalt werden immer länger, und das Übermass der Seelenqualen ruft auch in Mileva krankhafte Veränderungen hervor. Sie beginnt die Leute zu verdächtigen, glaubt, man bestehle sie, man wünsche ihr nur Böses. Es ist, als ob das heroische Erbe ihrer Vorfahren aufgezehrt sei. Hatte sie nicht schon 1923 ihrer Freundin Milana nach Belgrad geschrieben, es komme eine Zeit, wo sie nicht mehr imstande sein werde, sich heldenhaft zu halten?

Die Sklerose machte Fortschritte in ihrem Organismus. Sie erlitt mehrere leichte Hirnschläge, und so ging sie nur noch selten aus. Doch sorgt sie sich nicht um sich, sondern um den Sohn. Wenn er im Burghölzli weilt, geht sie bis ans Ende der Stadt, um ihn liebkosend zu begrüssen. Bei Schneegestöber müht sie sich ab, ihr Gleichgewicht zu bewahren. Sie sucht Halt an Häusern, Zäunen, Bäumen. Der vereiste Weg führt ein wenig bergan. Es ist ein grauer, düsterer Tag. Eben als sie denkt, jetzt werde es leichter gehen, weicht die Erde unter ihr. Vorbeikommende finden sie bewusstlos auf dem Wege zum Burghölzli; sie hat ein Bein gebrochen. Mileva kommt ins Krankenhaus Neumünster. Dort liegt sie mit Beinschiene und Extension. Sie hat grosse Schmerzen, doch ist ihre Sorge um den Sohn grösser, da sie die Nähe des eigenen Todes spürt.

Am 9. März 1947 schreibt Lisbeth, Helene Dukas habe ein Buch zurückgebracht und Einstein habe schön geschrieben, das heisst wahrscheinlich für die Zukunft mehr Fürsorge versprochen.
Schliesslich gelingt es, sie in ein Krankenhaus zu bringen, wo sie allein im Zimmer ist.
Doch das eintönige Weiss des Krankenzimmers quält sie mit dem Eindruck, sie befinde sich in einer Schneewolke und könne nicht hinaus, zum Sohn. Am 31. Mai schreibt Lisbeth, Mileva sei im orthopädischen Krankenhaus Balgrist. Sie könne sich mit Hilfe eines Stockes langsam bewegen und habe gute orthopädische Schuhe bekommen, doch wolle sie nach Hause und sei niedergeschlagen beim Gedanken, was nach ihrem Tod aus Tete werden würde. Vater und Bruder sind im fernen Amerika, und er soll ganz allein hier bleiben, wenn sie stirbt...
Aus einem Brief Einsteins vom 29. Juli 1947 an Dr. Karl Zürcher, einen Sohn seines längst verstorbenen Freundes Emil Zürcher, erfährt man, dass Mileva ihm von ihren Sorgen und Nöten schreibt:
«Sehr verehrter Herr Dr. Zürcher!
Meine frühere Frau Mileva hat mir schon öfters mitgeteilt, dass Sie Ihr [sic!] in ihrer

schweren und misslichen Lage mit einer Menschenfreundlichkeit beistehen, die an ihren unvergesslichen Bruder erinnert. Deshalb drängt es mich, Ihnen auch von mir aus herzlich zu danken. Wenn das Haus verkauft ist und Tetel einen zuverlässigen Vormund hat, wenn Mileva nicht mehr da ist, kann auch ich mit Gemütsruhe ins Gras beissen. Meine hiesigen, allerdings nicht überwältigenden Ersparnisse werden dann von meinem ausgezeichneten Freunde Dr.Nathan verwaltet, der mein Testamentsvollstrecker ist. Alles ist prekär, weil die inflatorische Periode nicht zuende ist, ganz abgesehen von der internationalen bedrohlichen Lage, die weitere Erschütterungen für absehbare Zeit als kaum vermeidbar erscheinen lässt. Die Hauptsache bleibt, dass man den guten Humor behält und thut, was den schwachen Kräften des Einzelnen vergönnt ist.

Mit freundlichen Grüssen und Wünschen Ihr A. Einstein.»

Am 3.Januar 1948 trifft Lisbeth Mileva in völliger Verzweiflung. Man hat ihr die Wohnung gekündigt, obwohl sie ein lebenslängliches Recht darauf hatte. Das Wohnungsamt bietet ihr dafür nur eine sogenannte Notunterkunft. Einstein verlangt, dass der Erlös vom Verkauf des Hauses nach den USA überwiesen werde; wenn nicht, werde er Tete aus dem Testament streichen. Lisbeth will eine Beschwerde skizzieren.

Der Käufer hat jene Klausel von Milevas Wohnrecht zurückgezogen, es scheint sich nur um eine mündliche Vereinbarung gehandelt zu haben.

Als Mileva 1939 genötigt gewesen war, das Haus zu verkaufen, glaubte sie noch, ein gegebenes Wort gelte ebensoviel wie ein beschriebenes Stück Papier.

Ohne Vergleiche zu ziehen, erwähnen wir, dass Mileva 1938 dem Ehepaar Djoka und Sidonija Gajin eine Vollmacht erteilt hatte für alle ihren Besitz in Novi Sad betreffenden Rechtsgeschäfte; sie durften darüber nach Gutdünken verfügen. Diese ehrlichen Leute erfüllten diesen Auftrag vollkommen uneigennützig. Am 1.Juli 1940 schickte Djoka Gajin Mileva einen von Rechtsanwalt Nikolić verfassten Mietvertrag für eine der Wohnungen an der Kisačka 20. Sie unterzeichnete das Dokument und schickte es zurück. Nie verlangte sie von den Gajin eine Abrechnung, denn sie glaubte ihnen, und mit Recht.

Zürich 32, den 4. August 1948
Eos, Carmenstrasse 18

TODESANZEIGE

Nach langem Krankenlager ging heute im 73. Altersjahr unsere geliebte Mutter

Mileva Einstein-Marity

zur ewigen Ruhe ein.

Um stille Teilnahme bitten
In tiefer Trauer:
Albert und **Frieda Einstein-Knecht** und Kinder, .
1090 Creston Road, Berkeley / California
Eduard Einstein.

Beerdigung: Freitag, den 6. August, um 16.30 Uhr, im Friedhof Nordheim.

1904

Das Ende

Der Frühling steht in voller Blüte. Eine Blumenfülle in den Gärten, eine Fülle von Menschen aus aller Herren Ländern auf den Strassen. Blumen wie Menschen bilden bunte Teppiche, und die Laute der verschiedensten Sprachen verschmelzen zu einem endlosen Geräusch.
Tete ist zu Hause; er sitzt mit seiner Mutter auf dem Balkon. Sie liest ihm etwas vor, doch er scheint nicht zuzuhören oder nicht zu verstehen. Er lauscht dem Strassenlärm, als ob er von dort etwas erwarte. Es ist noch gut, solange es so steht. Doch droht stets ein jäher Umschwung. Es beginnt damit, dass Tete unruhig wird; er zittert, fasst alles an und wirft alles weg; er sucht etwas Ungreifbares, Imaginäres. Bei Nacht steigert es sich zu unbezähmbarer Wut. Er wirft alles durcheinander, findet nicht, was er sucht, wälzt sich auf dem Boden und weint herzzerreissend. Wieder eine grauenvolle Nacht, wie jene im Jahr 1929. Lisbeth beschreibt am 23. Mai 1948 ein solches Chaos bei Mileva, die schliesslich zusammenbricht. Sie hat jetzt eine Haushälterin, Frau Kerekesch, die sich selbst auch nicht zurechtfinden kann und ärztliche Hilfe ruft. Mileva wird in der Privatklinik Eos des Dr. Monaca in der Carmenstrasse 18 untergebracht; sie hat eine linksseitige Lähmung erlitten.
Wieder die weisse Krankenstube, die Gebundenheit ans Bett und, was sie am schwersten erträgt, diese Abhängigkeit von anderen in allem und jedem. Tete ist wieder im Burghölzli, in jenem besänftigten Zustand, der heftigen Anfällen stets folgt.

Am 13. Juni 1948 verzeichnet Lisbeths Tagebuch einen Besuch bei der Kranken. Sie liegt im ersten Stock, Zimmer Nr. 17. Sie kann reden, ist aber sehr zerstreut. Sie klagt über Albert, über das Spital, über die Krankenschwestern. Tete ist gerade zu Besuch bei ihr, steht tiefbesorgt an ihrem Bett, wünscht, sie würde in der Begleitung einer Krankenschwester nach Hause entlassen. Auch sie hat keinen anderen Wunsch als fortzugehen, um ihrem Sohne näher, ihm behilflich sein zu können. Sie will zeigen, dass sie alles selbst tun kann, und in dieser Aufregung läutet sie fortwährend und begreift nicht, warum man darüber ungehalten ist. Sie möchte ja gerade alle diese Leute von sich befreien.

Am 18. Juli schreibt Lisbeth, Milevas Zustand habe sich verschlechtert. Sie sei weinerlich geworden, wolle ins Burghölzli. Man hat ihre Klingel ausgeschaltet. Man versteht nicht, dass sie dorthin möchte, um ihrem Sohn nahe zu sein. Sie klagt, dass niemand auf ihr Läuten reagiert. Lisbeth überzeugt sich davon, denn auch sie hat mehrfach vergebens auf den Knopf gedrückt. Sie geht hinaus und fragt die Schwester. Diese sagt, ja, man habe die Klingel ausgeschaltet, denn die Kranke habe unaufhörlich ohne Grund geläutet.

Am 25. Juli treffen Lisbeth und ihre Mutter Mileva in einem sehr traurigen Zustand an. Sie ist kaum bei Bewusstsein, will nichts zu Ende hören, sagt fortwährend «Nein, nein». Tete ist bei ihr, er versucht ihr zu erklären, dass sie das Burghölzli überschätze, auch in der Frauenabteilung sei es nicht besonders gut. Auch er versteht nicht, dass sie nicht ihretwegen, sondern nur seinetwegen dorthin gebracht werden möchte. Denn schlimmer kann es ihr ja nie und nirgends mehr gehen.

Am letzten Tag vor ihrem Tode war sie bei vollkommenem Bewusstsein, sprach zusammenhängend und gesammelt, wie Lisbeth berichtet. Am Tag der Bundesfeier, 1. August, glaubt Lisbeth Tete in der Menge erblickt zu haben. Wirklich hat er sich durch die festliche, fröhliche Menge gezwängt, um seine Mutter zu besuchen, um einmal ihr beizustehen. Jetzt beruhigt er sie ... Sie empfängt ihn mit fieberhafter Freude, streichelt seine Hand und hält sie krampfhaft fest. Täglich ist er jetzt bei ihr, bis zu ihrem Tod. Sie scheint keine Wünsche mehr zu haben, wenigstens äusserte sie keine,

Grabplatte für Mileva Einstein-Marić
auf dem Nordfriedhof Zürich (bis 1975)

und jedenfalls ist sie wieder ganz sie selbst. Hier, auf diesem Krankenbett, unter fremden Menschen, denen sie nur zur Last fällt, hat sie ihren unvernichtbaren Charakter wiedergewonnen.

Am 4. August 1948 endete ein Leben voll ungeheurer Selbstverleugnung, voller Stürme, deren Toben niemand bemerkte. Sie hatte eigentlich mehr getan, als in ihrer Natur lag, denn allgemeiner Altruismus war ihr nicht angeboren. Ihre Jugendträume hatten sich nicht verwirklicht. Eine übergrosse Liebe hatte ihr Leben gewandelt, und alle Opfer, die sie ihr auferlegte, waren, wie sie innig glaubte, sinnvoll, denn sie dienten der Förderung, dem Weltruhm des angebeteten Mannes. Die Früchte dieses Ruhmes sollte aber eine andere Frau geniessen ... Mileva starb einsam, unter der schweren Last der Sorge um den kranken Sohn. Nur zweimal im Leben hatte sie um Hilfe gefleht: 1929, als sie in die Hochzeit der Tochter jener zweiten Frau geriet, und jetzt, in diesem weissen Krankenzimmer. Beide Male war ihr Hilfe verweigert worden. Sie starb in einem Krankenzimmer mit ausgeschaltetem Läutwerk. Sie war eine ganz verarmte, beiseitegeschobene Greisin.

Sie wurde auf dem Friedhof Nordheim in Zürich begraben. Die Totenfeier wurde nach orthodoxem Ritus vom russischen Pfarrer Šubov zelebriert. Das Grab trug die Nummer 9357 und lag zwischen einem Geza Ritter und einem Jakob Serena.

Zur selben Zeit sagte Albert Einstein: «Nur ein für andere gelebtes Leben ist lebenswert.» Aber er konnte einem Freund (seinem Studienkollegen Jakob Ehrat) auch schreiben: «Mir geht es soweit gut, indem ich die Nazizeit sowie zwei Frauen siegreich überlebt habe» (12. Mai 1952).

Für ihre Freunde, die ihr ungewöhnlich ergeben waren, blieb sie eine liebe, aber rätselhafte Frau, die nicht nur nicht von sich sprach, sondern es auch nicht liebte, dass von ihr gesprochen werde. Fernerstehenden schien sie etwas düster, schwer zugänglich, von slavischem Typus, ungepflegt, mit körperlichen Mängeln behaftet, und dennoch nicht ohne einen herben Reiz. Obwohl sie das Land, die Stadt, wo sie den grössten Teil ihres Lebens zubrachte, innig liebgewann, blieb sie dieser zweiten Heimat doch irgendwie fremd, unbekannt, fern. Man wusste manches von ihrem äusseren

Dasein, doch sie selbst blieb verschlossen. Nicht einmal Albert Einstein vermochte in ihr inneres Wesen einzudringen.

Für Albert Einstein hegte Mileva bis an ihr Lebensende eine schmerzliche Anhänglichkeit, Freundschaft, Dankbarkeit für das kurze Glück ihrer gemeinsamen Jahre. Und dieses Glück bestand für sie weder in Wohlstand noch in sonstigen egoistischen Befriedigungen, sondern in der gemeinsamen Arbeit und in der Freude, zur Grösse und zum Ruhm des geliebten Menschen beitragen zu können. Von ihren gegenseitigen Gefühlen schwiegen beide: sie ihrer Natur entsprechend, er infolge des feindseligen Verhaltens seiner Umgebung ihr gegenüber.

Ob jemandes Leben leicht und schön oder schwer und hässlich, glücklich oder unglücklich sein wird, hängt von vielen Gründen ab, und gewöhnlich gibt gerade eine unbestimmte Unbekannte den Ausschlag. Milevas Alter war auch für ihre ausserordentlichen Kräfte zu schwer. Nach Tetes furchtbarem Anfall 1948 brach sie zusammen. Zum letztenmal wurde ihre Erkenntnis bestätigt, dass es ihr nicht beschieden sei, in ihren Lebenskämpfen zu siegen.

Auf ihrer blumenreichen Terrasse standen stachlige Kakteen von seltsamem Aussehen, deren Dorne es niemandem gestatteten, eine Liebkosung zu wagen, und die doch die Kraft zu herrlichem, kurzem Blühen in sich trugen. Diesem Gärtchen in Kisten und Töpfen fühlte sich Mileva artverwandt, sie fand hier ein beruhigendes organisches Verständnis.

Der ältere Sohn hatte eine eigene Familie gegründet und war nach Amerika gezogen. Sie war nie dort. Der jüngere blieb physisch nahe, versank aber immer wieder in der schrecklich fremden Welt seiner Gemütskrankheit. Mileva ging daran zugrunde, dass sie ihm nicht helfen konnte.

Nach ihrem Tode erwähnte Tete sie nie mehr. Er sprach vom Vater und vom Bruder, von der Mutter nie ein Wort. Also ganz, wie sie es gewünscht hätte ... Aber auch was sie befürchtet hatte, geschah: Tete blieb allein zurück; noch über 17 Jahre lebte er im Burghölzli; er starb am 25. Oktober 1965. Auch in der Todesanzeige wird

Zürich, den 26. Oktober 1965

T O D E S A N Z E I G E

In der vergangenen Nacht durfte unser lieber

Eduard Einstein

Sohn des verstorbenen Prof. Albert Einstein

nach langem, schwerem Leiden in seinem 56. Altersjahr heim-
gehen.

Um stille Teilnahme bitten
die trauernden Hinterlassenen:

Hans Albert Einstein
1090 Creston Road
Berkeley/California USA
Margot Einstein
112 Mercer Road/Princeton NJ USA

Abdankung: Montag, den 1. November, auf dem Friedhof
Hönggerberg.

Allfällige Blumenspenden sind auf den Friedhof Hönggerberg
erbeten.

Mileva nicht erwähnt. Da steht nur «Eduard Einstein, Sohn des verstorbenen Professors Albert Einstein».

In der «Neuen Zürcher Zeitung» erschien am 28. Oktober 1965 ein mit M.W. gezeichneter Artikel unter dem Titel «In Zürich vergessen». Ungefähr zwei Jahre zuvor hatte der Verfasser einen Pfarrer in das Burghölzli begleitet. Es war ein trüber Herbsttag. Er wartete in einem Zimmer, während der Geistliche bei seinen Schützlingen war. Als dieser zurückkam, legte er den Zeigfinger an den Mund und führte ihn in den kalten, feuchten Hof. Dort stand Eduard Einstein, in einem blauen Überzieher und in Holzschuhen, denn er hatte eben auf dem Felde gearbeitet. Er war ziemlich dick und sehr blass, hatte einen Schnurrbart und sah seinem Vater zum Erschrecken ähnlich. Das schönste an ihm waren seine sehr grossen, tiefen, leuchtenden, kindlichen Augen. Der Verfasser meinte, das seien die Augen des Vaters. Doch gerade das Schönste in Eduards Antlitz war das einzig Schöne in Milevas Äusserem: die grossen dunklen, samtweich glänzenden Augen, die mit kindlicher Wissbegier in die Welt blickten.

Während er mit dem Verfasser sprach, blickte Eduard zu Boden und bohrte mit dem Holzschuh im nassen Erdreich herum. Er redete nach der Art vieler Schizophrener: umständlich, auf Umwegen auf das Hauptthema des Gesprächs zurückkommend; die Wahl der Worte verriet den akademisch Gebildeten. Man erfuhr, dass er gerne Klavier üben würde, dass dies aber die anderen störe und dass er das einsehe. Feldarbeit liebe er nicht, doch wisse er, dass sie ihm gut tue. Er würde gern allein im Zimmer schlafen, doch wisse er, das gehe nicht. Gerne würde er mit dem Pfarrer gehen, denn wenn er ihn mitnehme, dann werde er Klavier spielen dürfen.

Dieser Pfarrer war sein einziger naher Freund nach dem Tod der Mutter: Dr. Tanner, der ihn manchmal für mehrere Tage zu sich nach Hause nahm.

Eduard schien sich an das Leben im Burghölzli gewöhnt zu haben. Er wusste, dass es für ihn keine Privilegien geben durfte, weil das den anderen gegenüber ungerecht gewesen wäre. Während des ganzen Gesprächs versuchte er die zu verteidigen, die ihn verlassen hatten. Im Grunde war er offenbar nur zu gutmütig. Der Verfasser des Artikels meint sogar, Eduard habe die anderen mehr als sich selbst geliebt. Jedenfalls sei er noch fähig gewesen, Freude zu empfinden, nur sei ihm davon allzuwenig geboten worden. Jetzt könne das nicht mehr gutgemacht werden.

Auch seine Mutter, Mileva Marić, ist bei aller geistigen Gesundheit und grossen Leistung unerkannt, verkannt, vernachlässigt aus diesem Leben geschieden. Nicht einmal als Mutter wird sie erwähnt. Sie bleibt nur die einstige verlassene Frau des grossen Wissenschafters Albert Einstein.

Gedenktafel am Marić-Haus in Novi Sad: «In diesem Haus hielten sich 1905 und 1907 Albert Einstein, der Schöpfer der Relativitätstheorie, und seine wissenschaftliche Mitarbeiterin und Gemahlin Mileva auf. – Diese Gedenktafel wird aus Anlass des 100. Geburtstages von Mileva Marić-Einstein und des 30jährigen Bestehens der Narodna Tehnika angebracht.»

Die Vizepräsidentin der Stadt Novi Sad Dr. Branka Lazić
enthüllt am 19. Dezember 1975 die Gedenktafel

Nachwort

1969 erschien im Verlag «Bagdala» in Kruševac (Jugoslavien) eine Biographie von Mileva Marić, der ersten Frau von Albert Einstein, unter dem Titel «Im Schatten Albert Einsteins» (U senci Alberta Ajnštajna). Cyrillisch gedruckt und weitab von den grossen Strömen des Buchhandels verlegt, konnte sie nur einen kleinen Leserkreis erreichen und blieb auch ausserhalb des Umfelds der internationalen Einstein-Forschung. Dank der Aufnahme der deutschen Fassung in das Programm des Verlages Paul Haupt – erstmals als Privatdruck 1982 erschienen – sind diese Hindernisse nun glücklich beseitigt.

Die Autorin hat mit dieser Biographie eine posthume Lebensrettung für den Menschen unternommen, mit dem Albert Einstein in seinen begnadeten Jahren in der engsten Gemeinschaft lebte. Frau Desanka Trbuhović-Gjurić wurde am 24. April 1897 in Krapina (Kroatien) geboren. Ihr Vater entstammte einer alten serbischen Müllerfamilie, war Sekundarlehrer und Dozent am Lehrerseminar und bekleidete nach dem Ersten Weltkrieg einen leitenden Posten im regionalen Bildungswesen. Ihre Mutter kam ebenfalls aus einer wohlsituierten serbischen Familie, einer Dynastie von Postmeistern. Wie alle ihre Geschwister, so konnte auch Desanka das Gymnasium besuchen und studieren. Ihr eigentlicher Wunsch war, Architektin zu werden. Die Verhältnisse während des Krieges liessen sie dann auf ein Studium der Mathematik und Physik an den Universitäten Zagreb und Prag ausweichen. Ihre

Examina fielen mit dem Ende des Krieges zusammen. Sie wurde Lehrerin an den Gymnasien von Sremska Mitrovica und Zemun, wo sie sich 1922 mit dem aus einer serbischen Grenzerfamilie stammenden Verwaltungsjuristen Borislav Trbuhović verheiratete. Bis 1941 unterrichtete Desanka Trbuhović-Gjurić in Zemun. Nach dem Zusammenbruch Jugoslawiens und der Gründung des extrem serbenfeindlichen «Unabhängigen Staats Kroatien» zog die Familie 1941 über die Save nach Belgrad. In der Nachkriegszeit intensivierten sich ihre Lehrverpflichtungen durch den enormen Nachholbedarf in den vom Krieg betroffenen Jahrgängen. Bald wurde sie an die Technische Hochschule und später auch an die Universität berufen. Im Ruhestand recherchierte und schrieb sie die Biographie von Mileva Einstein-Marić – ein Unterfangen, dem sie nach Herkunft, Studium und Generation und durch die Verbindung mit Zürich, wo einer ihrer beiden Söhne tätig ist, so nahe kam wie überhaupt möglich. Diese Nähe verleiht der Biographie über die natürlich in erster Linie interessierenden biographisch-wissenschaftsgeschichtlichen Fakten und Fragen hinaus eine Dimension, in der sich nationale serbische mit lokaler zürcherischer Geschichte eigenartig verbinden.

Zu den Ereignissen und Vorgängen in der Schweiz im 19. Jahrhundert, die ein internationales Aufsehen erregt haben, gehört das Frauenstudium. Die Universität Zürich promovierte 1867 als erste in Europa eine Frau. Mit diesem Schritt wurde die schon bestehende liberale Praxis der Zulassung von Frauen als Hörerinnen, die sich vor allem Studentinnen aus Russland zunutze gemacht hatten, zum vollgültigen Frauenstudium umgewandelt. Der Zustrom russischer Studentinnen (parallel zu den ihrer männlichen Kollegen) schwoll an; im benachbarten Oberstrass bildete sich ein eigentliches russisches Quartier. Darüber wurde schon damals viel geschrieben, wobei die Aufmerksamkeit vor allem jenen Studentinnen galt, die sich emanzipiert und revolutionär gebärdeten. Aus dem Bürgerschreck von damals sind heute die kleinen und grossen Heroinnen der progressiven, sozialistischen und revolutionären Bewegung geworden, neben denen die unpolitischen, jedenfalls nicht revolutionären

210

Studentinnen nicht nur in den zum vornherein parteilichen Geschichtsschreibungen ein ganz unverdientes Mauerblümchendasein fristen. Das gilt noch vermehrt für die Studentinnen aus den Balkanländern, die in der gleichen Welle nach Zürich zum Studium kamen. Dass eine Mileva Marić fast unbeachtet geblieben ist, kann zwar ohne weiteres rein biographisch erklärt werden; bei näherem Zusehen wird man jedoch gewahr, dass sie dieses persönliche Schicksal mit anderen teilt und dass in dieser Schicksalsgemeinschaft ganz bestimmte Fatalitäten der Herkunft, des Geschlechts, der Epoche hervortreten.

In der Korrespondenz Conrad Ferdinand Meyers mit Gottfried Keller taucht am 9. Oktober 1881 eine «Serbin Fräulein Dr. Helene Druskovich» auf. Man kann ohne allzugrosse Mühe in Erfahrung bringen, dass Helene Druskowitz (1856–1918) im Jahr 1878 in Zürich mit einer Dissertation über Byrons Don Juan doktoriert hatte, dass ihre weiteren Arbeiten zur englischen Literatur von C.F. Meyer und J.V. Widmann anerkennend besprochen wurden, dass sie Carl Spitteler beriet und sich aus einer kecken musizierenden, reisenden und philosophierenden Literatin zu einer radikalen Frauenrechtlerin entwickelte. Aber ihre Spuren verlieren sich in beiden Richtungen: Die wenigen speziellen Lexika, die sie nennen, geben durchwegs ein falsches Geburtsjahr an, und nur wer die Nietzsche-Biographie von Curt Paul Janz kennt, erfährt von ihrem Ende in geistiger Umnachtung.

Ein Jahr nach ihr promovierte an der Universität Zürich die erste serbische Medizinerin, die 1855 geborene Draga Ljočić, die zu Hause als Ärztin in der Männerwelt alle sechs Kriege von 1876 bis 1916 mitmachte und in der Frauenwelt als Vorkämpferin für die besonderen Anliegen ihres Geschlechts sich unermüdlich einsetzte. Man sucht ihren Namen in der «Enciklopedija Jugoslavije» vergebens.

Die dritte Serbin, die hier zu nennen ist, die Philosophin und Übersetzerin Katarina Jovanović (1869–1954), studierte zwar nicht in Zürich, sondern kam 1914 als Flüchtling hierher, wo sie bis zu ihrem Tod lebte – von der Belgrader Gesellschaft nach 1918 unverstanden und von den Behörden nach 1944 um das künstlerische

Erbe ihres Vaters, des bedeutenden Künstlers und Photographen Anastas Jovanović, gebracht. Ihre meisterhaften Übersetzungen aus der Literatur ihres Heimatlan-
des, allen voran des einsamen Juwels der serbischen Dichtung des 19. Jahrhunderts,
des «Gorski Vijenac» (Bergkranz) von Petar Petrović-Njegos, sind im Krieg ver-
brannt und im Frieden verramscht worden.

Zu diesen Lebensläufen gehört ganz offensichtlich auch der von Mileva Marić. Aber
in ihr ist der allen diesen Frauen gemeinsame Drang nach Selbständigkeit bei gleich-
zeitiger Hingabe an ausserpersönliche Ziele durch die Verbindung mit dem Genie
des Jahrhunderts tragisch verzerrt, verstümmelt, ja vernichtet worden. Daran vermag ein Buch nichts mehr zu ändern. Es kann nur versuchen, und das hat Frau
Desanka Trbuhović-Gjurić mit ihrer biographischen Arbeit getan, durch verständ-
nisvolle Erforschung und anteilnehmende Beschreibung dieses traurigen Lebens ein
gerechtes Andenken herzustellen. Am 25. Juli 1983, ein halbes Jahr nach dem Erscheinen der ersten deutschen Ausgabe dieser Biographie, ist Desanka Trbuhović-
Gjurić in Belgrad gestorben. Sie hatte noch das lebhafte Echo auf ihr Werk erfahren
und wusste, dass ihr Buch nun in alle Welt gehen werde.

Die vorliegende vierte Auflage dieses Buches unterscheidet sich von den vorausge-
gangenen dadurch, dass sie Nachträge des Herausgebers enthält, die nach dem Be-
kanntwerden von neuem biographischen Material unumgänglich wurden. Sie be-
treffen Zeiträume und Vorgänge, über die der Autorin seinerzeit nur wenige Unterla-
gen zur Verfügung standen und die von ihr auch entsprechend knapp behandelt
worden waren.

Natürlich bedeutet das zum Vorschein gekommene neue Material, insbesondere der
Briefwechsel zwischen Mileva Marić und Albert Einstein, auch eine nachträgliche
Probe für das ja bewusst und entschieden engagierte Buch von Desanka Trbuhović-
Gjurić. Sie hatte sich nicht gescheut, aus dem stellenweise sehr fragmentären Mosaik
der biographischen Überlieferung ein geschlossenes Bild zu schaffen und sich dabei
von dem ängstlichen Nachweiszwang für alles und jedes zu lösen.

So schrieb sie in dem Abschnitt, der in dieser Auflage durch das ergänzende Kapitel «Mileva und Albert» ersetzt worden ist, Einstein sei in der schwierigen Lebensphase nach dem Abschluss des Studiums von der «grenzenlos gläubigen und verständnisvollen Liebe» Milevas aufrechterhalten worden: «Nur aus ihr konnte er Zuversicht schöpfen, Zutrauen zu seinen eigenen Ideen. Keiner von den Gelehrten, deren Schüler er gewesen war, wollte etwas für ihn tun, einzig das zarte Mädchen aus der serbischen Vojvodina stand zu ihm, nicht nur mit ihrem Gefühl, sondern mit ebenbürtigem wissenschaftlichem Verständnis. Das war stärker als alle feindlichen Mächte der Welt. Sie half ihm auch gegen seine eigene Natur. Rasch traf er Entscheidungen, doch konnte er sie ebenso rasch ändern. Ihre Entschlüsse hingegen reiften langsam, doch waren sie unwiderruflich. Wahrhaftigkeit und Einheit von Wort und Tat waren ein Teil ihrer selbst, ihres harmonischen seelischen Wesens.»

Der geradezu provokative Kern dieses Charakterbildes ist die Behauptung des «ebenbürtigen wissenschaftlichen Verständnisses» das Mileva ihrem Geliebten, dem Jahrhundertgenie, entgegengebracht habe. Wie immer es sich damit verhalten haben mag: Albert Einstein hat es in der Zeit, da sich die Eruption seiner fundamentalen Entdeckungen vorbereitete, genau so empfunden und mit demselben, jetzt ans Licht gekommenen Wort ausgedrückt: «Wie glücklich bin ich, dass ich in Dir eine ebenbürtige Kreatur gefunden habe, die gleich kräftig und selbständig ist wie ich selbst!»

Eine schönere Übereinstimmung lässt sich nicht denken; auch keine schönere Genugtuung für das Buch, so wie es die Autorin hinterlassen hat.

Werner G. Zimmermann

Eduard Einstein

Erinnerungen ehemaliger Klassenkameraden am Zürcher Gymnasium
redigiert von Eduard Rübel
1986, 118 Seiten, 7 Abbildungen, geb. Fr.28.-/DM 34.-

Aus dem Vorwort:

«...Die neun noch lebenden Klassenkameraden Eduard Einsteins, alle jetzt 74- oder 75jährig, deren einige auch Mileva Einstein gekannt haben, nahmen mit grosser Anteilnahme Kenntnis von ihrem tragischen Leben, waren aber überrascht und erstaunt über die Schilderung Eduard Einsteins. Denn sie hatten ihn im Gymnasium im wesentlichen ganz anders kennengelernt. Offenbar war für ihn die Gymnasialzeit die glücklichste seines Lebens, in der sich seine Fähigkeiten und liebenswürdigen Eigenschaften aufs beste entfalten und auswirken konnten, so dass er eine reife, voll entwickelte Persönlichkeit war, als er während des Studiums in der Düsterkeit seiner Krankheit versank.

Da Eduard Einstein, als Sohn seiner berühmten Eltern, nun ebenfalls eine Person des öffentlichen Interesses geworden ist, fühlten sich seine Klassenkameraden verpflichtet, sein Lebensbild aus ihrer Sicht zu ergänzen. Im Verlaufe des Sammelns der Erinnerungen gewannen sie allerdings die Überzeugung, dass seines gesunden Lebens kurze Spanne nicht nur im Hinblick auf seine berühmten Eltern, sondern an sich bemerkenswert sei. Sie machen sich in keiner Weise anheischig, seine Persönlichkeit nach allen Seiten richtig schildern zu können; das Schulleben wird einseitig im Vordergrund stehen. Auch bleibt es dem Leser überlassen, seine Verse kritisch zu beurteilen oder psychologisch zu deuten. Doch hoffen sie, das traurige Bild seines Lebens, das man aus dem Buch über Mileva Einstein gewinnt, etwas aufhellen und in einzelnen Teilen auch etwas korrigieren zu können. Ausser persönlichen Erinnerungen stehen dafür allerdings fast nur noch seine vielen Verse, einige Aphorismen sowie Photographien als objektive «Beweisstücke» zur Verfügung. Da diese Verse und Aphorismen seine Fähigkeiten und sein Wesen am besten widerspiegeln, seien sie ausgiebig zitiert...»

Verlag Paul Haupt Bern und Stuttgart